D1034425

99 poemas mexicanos
a la madre

99 poemas mexicanos a la madre

Selección y prólogo de

JOSÉ MANUEL MATEO

Grijalbo

99 poemas mexicanos a la madre

D. R. © 2007, Random House Mondadori, S. A. de C. V.
    Av. Homero No. 544, Col. Chapultepec Morales,
    Del. Miguel Hidalgo, C. P. 11570, México, D. F.

Selección y nota introductoria: José Manuel Mateo

www.randomhousemondadori.com.mx

Comentarios sobre la edición y contenido de este libro a:
literaria@randomhousemondadori.com.mx

ISBN: 978-970-780-647-4
ISBN: 970-780-647-8

Impreso en México / *Printed in Mexico*

Prólogo

La palabra *antología* equivale a la expresión *escoger flores:* aquí el concepto toma un sentido todavía más cariñoso y grato, pues esta selección no tiene otro propósito que el de *regalar* con la lectura (esto es, manifestar afecto y ofrecer una caricia amorosa y reflexiva). Las flores han sido reunidas en diez secciones donde se escuchan voces habitadas por el amor a la madre, la gratitud, el dolor, la tristeza, la necesidad urgente de conversar, preguntar, entender, saberse... El arreglo de cada sección no es cronológico ni alfabético; se sugiere una lectura continua, donde las emociones, las imágenes y los pensamientos de cada conjunto de poemas se alternen e inciten a una declaración propia; desde luego, también es posible leer sin ninguna otra orientación que la chispa de curiosidad que los títulos de secciones y poemas logren suscitar. Tampoco se trata de una muestra representativa: éstas flores son tan dignas de ofrecerse como muchas otras que no tuvimos la fortuna de encontrar en el camino (o no pudimos incluir por las vicisitudes que rodean la confección de un libro). Lo cierto es que todas viven por sí mismas y en ellas se reconoce el ánima de la poesía.

El título (que obedece a un noble empeño de los editores) obliga sin embargo a plantear un par de preguntas y justificaciones: ¿Qué tan largo es un poema, qué tan breve? ¿Cómo se cuentan los poemas? El misterio (gozoso) de sumar uno y uno sin que el dos aparezca por ninguna parte —o venga un risueño número cinco, o bien la cifra se nos desvanezca frente a los ojos—, sólo es posible por virtud de la poesía (o de la física en algún universo todavía ignoto o ignorado). En este conjunto hay 99 poemas… o casi, porque en tres casos he tomado como enteros las partes de un largo canto que pedía unirse sin objeciones a esta sucesión de versos. En segundo lugar, debo decir que sólo incluí un poema cuya *mexicanidad* podría cuestionarse: «Cerezas». Pero lo cierto es que Juan Gelman, su autor, se halla entre nosotros de un modo tan radicalmente entrañable que cualquier sitio del planeta podría legítimamente sentirlo como propio. Esta selección concluye con él, con su poema, porque la imagen materna aparece de pronto, como una joya que no requiere justificación: tal como la nostalgia, el recuerdo o la memoria del origen atraviesa la vida. Si cada vez que leo y escucho a Juan Gelman me siento agradecido, hoy la gratitud se multiplica, porque su generosidad al permitir que su poema sea reproducido en esta antología sin duda germinará en todos quienes lean sus versos y se dejen tocar por esa luz.

Agradezco también a todos los demás poetas —mujeres y hombres— el gesto pródigo de su autorización; no anoto sus nombres ahora porque eso significaría reproducir el índice, prácticamente. Y digo así porque algunos de los poemas reunidos son anónimos o forman parte de la tradición —*culta* y *popular* a un tiempo—, sobre la que nadie gobierna y de la que todos podemos beber.

Una aclaración final: mientras preparaba esta compilación (donde se escucha la voz de la madre y de quienes la rodean) me fui convenciendo de que las mujeres asumen su condición materna como si toda la acumulación histórica de sentimientos y saberes les fuera dada de golpe, tal como una revelación; el momento en que eso ocurre es distinto para cada una, como diferentes son todas las madres entre sí; múltiples además, como sus afectos, conflictos y relaciones. Si alguien se equivoca en esto soy yo, no los poetas.

josé manuel mateo

y dejad a la flor por excelencia,
sin dejar de ser flor, que dé su fruto.

MANUEL PONCE

LAS ABUELAS

NEME

Voy a buscarte, Neme, en milpas de granizo.
Quiero encender la leña, que perfume
esta noche de oficios en el frío.
Lo has olvidado todo, Neme,
te vas de la vigilia.
Tus ojos son pájaros blancos
ahogados en la sombra que ha vencido.
Tuviste tanta fuerza y me abrazabas
cuando llegaba el miedo, sus ángeles helados.

Qué alta está la lluvia cuando somos de agua.
Tú quieres ver el mar, Neme, tú quieres
ganar la madrugada, golondrinas,
y un lugar donde seamos hijos
de tus primeros hijos
para sentir la misma savia
que una vez te llenó joven los labios,
y otro fuego en tus manos salamandras
y otro sitio en el árbol, tal vez, de tu memoria.

¿Por qué somos de muerte, abuela? Será el viento
o este pequeño nudo de cenizas

donde habitaba con dolor el alma
lo que hoy no deja que te vea:
tus tardes de tomate
y el aleteo de roncas plumas
en el temprano horror de la comida
o el místico bizcocho que cerraba
entre un lento café, los rituales nocturnos.

Tus aretes de prisma, un rebozo de nudos,
tu inútil monedero que perdías
en los rincones de la casa a oscuras,
el tono de tu voz bajita
que trenzaba las coplas
cuando una paz la entretenía
en las historias de tu costurero,
las hondas islas del dolor que a ratos
cuajaban en la cera donde ardían tus muertos.

¿Dónde estuvimos antes de ser estos que somos?
En una calle con sus perros flacos
hipnotizados por rodantes piernas
a las que no daban alcance,
en frases de fideos,
cebando bolsas de mandado

o témpanos de leche (la puntual
papaya y su tabor de cuescos negros),
o viendo en el arroz materia de castillos.

Alguna vez puliste palabras de otra infancia
y qué raro sonaban en las ollas
o en el pasillo con olor a sol.
Tenías un coro de gallinas
muy tontas y espantadas.
Alguna vez nos enseñaste
que las casas se inundan y perdemos
primero el miedo, un día después los muebles,
la ropa, el tiempo, el frío. Todo se lleva el agua.

La furia nos buscaba con dientes amarillos
que burlaban las rejas del corral
como demonios de rosada trompa
y nos pegaban corretizas.
(Ahí perdí un zapato
y un buen pedazo del orgullo.)
Quedó el panteón de los juguetes lleno
de tanto remendar lo destrozado,
la higuera con su tronco lisiado por manubrios.

¿Qué más puede curarnos? Tu fe de manzanilla,
las noches en que el Diablo busca un alma
y el cuerpo es un enigma de ceniza.
Voz que vaciaba la blancura
en mi corazón triste.
Y entonces comprendí que el mundo
sería un territorio de batallas,
que estábamos aquí, sobre la tierra
y ante el viento que rompe los rojos papalotes.

No tenemos proezas, Neme, sólo recuerdos,
luz entre las paredes de ese patio,
un cuerpo que sobrevivió a sí mismo,
un bosque de oyamel y el cielo
antiguo de aguaceros.
No tenemos más que estos ojos
que cuentan esas alas en el aire
y aún tiemblan en la noche, los mundanos
tesoros de su lumbre, su pan y su memoria.

JORGE FERNÁNDEZ GRANADOS

CARTA A ABUELITA
DE SUS MACETAS AL CIELO

Tú pensabas abrir los botones del durazno,
pero tus manos se cerraron antes como nueces duras.
¿Qué como están las macetas que regabas?
No te preocupes, dulces ojos de yerbabuena,
el mundo sigue igual.
A veces las sequías tuestan la piel de los geranios
y de su maternidad los rosales sonríen.
A veces las mariposas resisten los aguaceros
bajo el rojo paraguas de las amapolas.
Los lirios no han inventado otra moda:
como tú los conociste, alargan su copa al vino del alba,
y la violeta sigue sin poder comprar un perfume más caro
y los ángeles cortan las margaritas con las mismas tijeras
Todavía hay primavera. Todavía.
Lo que no hay son pupilas.

Tú, agachadita de años, rondabas el azul de los jardines
y eran tus ojos una pareja de avispas de oro entre
                                        [las flores.
Pero, ¿qué hacemos con el corazón, abuelita,
                                [que tampoco cambia?

Es la historia de siempre: grano, espiga y rastrojo.
No hay más que vida y muerte.
Tú lo supiste, mejor lo sabes hoy,
sentada en tu sillón de nubes,
cuando por alargar la vida tomabas té de menta
y la hoja de mejorana neblinaba tu sueño.
Tú decías al oído de las flores: ustedes tienen sed,
y te dolían los lirios, y oías cómo sus manchas los
                                        [quemaban.

No te preocupes, están bien tus macetas.
Mira esa nueva flor. Muerta tú, los telares de Dios
                                        [trabajan.
Pero qué le vamos a hacer, abuelita;
te saludan mucho y me dicen que te extrañan.

JOAQUÍN ANTONIO PEÑALOSA

[MI ABUELA SE LLAMABA MARÍA FÉLIX, PERO SE HACÍA LLAMAR FELISA]

Mi abuela se llamaba María Félix, pero se hacía llamar
    Felisa.
Licha le decíamos.
Vendía cacahuates ya de vieja
y mantenía a mi tío Toño, que murió de cirrosis.
Nunca la vi llorar, y eso que perdió a su marido en la
    Cristiada,
aunque él no era cristero,
sino que como tenía nueve hijos (mi madre la mayor,
    de nueve años)
y todos tenían hambre, mucha hambre, pues dijo sí,
    pero me dan arroz,
y a los tres días de andar de lleva y trae —es que era
    arriero—
le aplicaron, en Ayo, la ley fuga,
y luego le pasaron los caballos encima.
Muy sonriente mi abuela, con sus brazotes fuertes,
su pelo, que nunca llegó a ser del todo cano, casi
    siempre suelto,
marcando el borde del escote de la blusa bordada,
y aquellas faldas como de soldadera.

Muy sonriente mi abuela, cantarina,
no como mi mamá, que sabía lo que hacía cuando
    cantaba,
sino como ella sola, por su gusto, porque sí, ¿verdá,
    m'ijo?
Por ella se llamó Félix mi tío Félix, que luego, con el
    tiempo, se volvió loco,
como, me dicen, también el tío Rafail,
que terminó juntando en un botecito
los clavos que escupía y e salían de dentro.
A mi mamá se la dieron a los Lepe
cuando murió mi abuelo, para que no anduviera
    recogiendo rabitos de caña
en el basurero (doña Angelina siempre fue muy buena,
    nos decía,
y todavía los cuates, sus hijos, nos llegaron a llevar
unos baldezotes colmados de naranjas).
La tía Francisca se casó con Chuy, un grandulón que se
    la pasaba en Estados Unidos
y al que una vez vi abriendo un veliz azul marino
en el que traía el regalo de siete pantaletas de diversos
    colores
con las palabras Lunes, Martes, Miércoles, caligrafiadas
    en hilo de seda.

Falta mi tía María (los otros no llegaron a lograrse),
que tuvo 21 hijos y le viven 18. Hace ya mucho no la
    veo.
Cuidaba un terrenito allá en Coyua, camino a Tonalá.
Un día al mediodía la encontré,
chaparrita y prietita como es, con su vestido rosa rosa
    de raso y tul
sentada en la banqueta de una esquina,
sus ojitos redondos, divertidos, revolcados,
y los tacones blancos volcados en el pavimento.
Vieras qué cansada estoy, dijo, y extendió su sonrisa
y echó luego a reír; ayúdame a parar, no seas malito…
María Félix, les decía, se llamaba mi abuela, mamá
    Licha,
que siempre que llegaba de donde anduviera,
porque andaba en Degollado, en Arandas, en Tiripitío,
llegaba con dos barras de alfajor de seguro mercadas en
    la Central.
Llegaba para entonces con Zenón, el federal, un flaco
    bigotudo, botudo y sombrerudo,
que Dios sabe qué se hizo,
y se iban los dos a los dos días. Mi madre era sufrida,
    aunque hasta eso alegre, pero mi abuela era luchona
y nunca se enojaba.

Veía pasar una parvada en el verano
y otra
o veía venirse una tormenta
y ella como si nada, o mejor, como si toda cosa que
    pasara
le hubiera sido dada desde siempre.

RICARDO YÁÑEZ

Morena, casi seca por el sol, férreamente huesuda, la mano de mi abuela me guiaba por el camellón luminoso de la infancia, me preparaba sabrosas naderías, me aferraba con la extrañeza con que se acoge a una estirpe no esperada. Apenas recuerdo sus palabras, si es que hablaba, aunque entiendo que su boca desdentada sólo le servía para ensayar gestos de duelo o de resignación y para emitir los insultos de hienas con que ella y mi madre a veces se desgarraban. La mano de mi abuela, que preparaba una comida simple y nutritiva, aunque hubo un momento, niño melindroso, en que ya no me gustaba que cocinara porque olvidaba asearse y los platillos sabían a mugre o incluían algún insecto. Esa mano que acariciaba toscamente el cuero cabelludo con el peine, que pedía limosna, que solicitaba un vaso de agua cuando se encontraba postrada en su prolongado lecho de agonía. La mano de mi abuela que parecía desvariar, mano admonitoria que con su bamboleo me recordaba que, por jugar futbol, yo había olvidado administrarle su medicina. Esa mano cuyos dedos trazaron tantas veces la cruz en señal de despedida y que, sin embargo, seguían hurgando infantilmente en lo vivo, con sus fuerzas y su curiosidad menguadas. Mano debilitada, ya no morena, amarilla; ya no huesuda, casi yerta, que se posaba en mi frente sin reconocer a quién acariciaba.

ARMANDO GONZÁLEZ TORRES

LA SOMBRA DE LOS ÁRBOLES
(FRAGMENTO)

«El siglo xx empieza en Sarajevo y aquí termina»,
                              [dijo la joven musulmana.
¿A qué se refería Leijla?
La vi beber cerveza recargada en los codos, fumando,
viva en una tierra embarazada de sus muertos.
De paso por un barrio en ruinas
me habló de su novio armado detrás de una ventana
hecha de filos, cristales rotos.
Hace tiempo, en Salamanca, el abuelo Vicente cargó
                              [un rifle y balas
para hincarse después en su trinchera.
Todas las guerras tienen historias parecidas,
heroicidades sobrias como el libro usado.
La abuela María Luisa de eso hablaba poco:
llevaba puesto un mismo camisón zurcido cada día
y en su casa comíamos más de diez personas.
Tenía las manos cariciosas y un vientre inmenso,
sus piernas vegetales surcadas de raíces
la sostenían en pie, paquiderma cansada,
frente a sus cuencos de peltre y su cucharas.
A veces, si el azúcar le cerraba las arterias,

comía claveles que le llevábamos los nietos
y hablaba de la casa que perdió, de sus hermanas
que bebieron de las copas de los enemigos el licor de
[la victoria.
La abuela María Dolores
fue una muchacha que actuaba a Doña Inés en el teatro
[de Baena
cuando se la robó un joven socialista.
Cuenta mi padre que murió llorando,
cansado el cuerpo por dar a luz sus ocho hijos.
Cuenta también que aquella noche se oían más cerca
[los combates
mientras la madre maldecía nombres de mujeres.
Murió celada en Barcelona unos días antes que Durruti
y el azar quiso que los enterraran casi juntos en Montjuic.
Ella que buscó un poco de paz y no la tuvo
es polvo junto a aquel que en un verano
deseó prenderle fuego a las iglesias de España.
Voces gastadas en una sobremesa que demora,
ediciones de pastas rotas y páginas que el tiempo
[ha hecho amarillas,
nomeolvides en el florero,
la tipografía de los libros sembrada de fuegos fatuos
que fueron flores en la noche.

La guerra en Sarajevo hacía unos meses estaba suspendida,
en la banquetas grises, cubiertas de polvo y de ceniza,
                         [barrían las viejas sus portales.
Entre tumbas cavadas en jardines públicos los niños
                              [jugaban a esconderse:
   hierba urbana, verdura tierna que al miedo y la ira
                        [de los hombres sabe resistir.

                    Eduardo Vázquez Martín

HOMENAJES

CONCEPCIÓN, 1689
SEGUNDO NOCTURNO
VILLANCICO IV
[De los "Villancicos que se cantaron en la
S.I. Catedral de Puebla de los Ángeles,
en los Maitines solemnes de la Purísima
concepción de Nuestra Señora,
este año de 1689"]

Estribillo

¡Oigan qué cosa y cosa,
que decir quiero
un Privilegio que es
y no es Privilegio!

Coplas

No es privilegio de gracia
la Concepción de María:
porque habiendo de ser Madre,
se hizo la gracia justicia.
    Propio interés fue de Dios
ser sin mancha Concebida:

porque ¿a quién le importó más
el nacer de Madre limpia?

La merced fue el escogerla;
pero una vez ya elegida
era pundonor de Dios
ennoblecer su Familia.

Quien la hizo Virgen y Madre,
¿por qué también no la haría
Hija de Adán y sin mancha,
pues no es mayor maravilla?

Que en Adán pecaron todos,
es verdad; mas no podía
en la ley de los esclavos
ser la Reina comprendida

La soberana exención
de los Reyes, no se alista
en el padrón ordinario
que a los pecheros obliga

SOR JUANA INÉS DE LA CRUZ

BENDITA TÚ ENTRE LAS MUJERES
(VIRGEN Y MADRE)

Dadle a la Flor por bella cuanto quiso
de luz, si de la luz se hizo rosa,
y dadle lo mejor de cada cosa
para ser rosa, si le es preciso.

Tal candor a su ser es compromiso,
que de aromas celestes se desposa;
y por hacerla suya y más preciosa
¿Dios le arrebatará su paraíso?

Y si la más altiva providencia,
aromando el jardín de lo absoluto,
nos dio flor y mujer en una esencia:

¡eximidla, mortales, del tributo!
y dejad a la flor por excelencia,
sin dejar de ser flor, que dé su fruto.

MANUEL PONCE

LA ROSA PERFECTA

En lo cimero de mi vida
canta una rosa.

Intacta rosa de los rumbos
y de las constelaciones.

La que gira en las manos
de los marinos que descubrieron
las islas de las verdades eternas.

Vive en la ojiva del corazón,
y fue pájaro y luz y esquila
en mis vidrieras infantiles.

Espiral del tiempo
cada día más alta
y sin color de ausencia.

Rosa conjugada en mis devociones,
centro de las residencias perfectas.

En sus cinco pétalos
todas la poesía del mundo:
    ¡Madre!

II

No era yo palabra,
pero ya era yo sueño.

Como en los niños,
en ella las canciones inéditas de marzo.

Como duerme la voluntad del viento
en las velas plegadas.

Cuanto gritaron los horizontes
su ser partido en dos
me entregó el legado
de la inmortal arcilla.

Iluminada tierra en la que estaban
sus paisajes
y sus trigos.

Andaría mis senderos
mirando con sus ojos.

Tendría idiomas de lágrimas,
pero ella las lloraría.

III

Buscarme yo es hallarla
en lo elemental y lo magnífico.

Siempre en mí,
siempre como unas alas
sobre la noche del sollozo.

Crece en los altos ramajes de ternura
sobre mi parva simplicidad.

Un eco de ella está orando
siempre ante mis pasos.

¡Qué cabezal de nube
para un sueño de preguntas,
para mí que he caído
en estas valvas negras¡

¡Sólo ella, en lo cimero de mi vida,
rosa intacta!

IV

Para saber que el mundo tiene
remansos de silencio,
y cabezal de musgos,
y tiempo de azucena,
y mañanas de esquilas
y cielo sin venganza,
y tierra sin arcoiris,
y días sin sollozo,
me basta con el eco de una rosa que canta
en lo cimero de mi vida.

Perfecta en ella
la poesía del mundo;
    ¡Madre!

PEDRO CAFFAREL PERALTA
México, abril de 1942

A MI MADRE

¡Madre, que gran visión hay en tus ojos!
¿Qué ignota playa del Misterio has visto?
Acaso viste desde lo abrojos
de tu vida la mística pradera
del Ensueño inmortal de Jesucristo
cuando sembró la humana sementera,
y lo llevaste dentro de tu pecho
como una joya nueva, sorprendida
en el camino árido y estrecho
que atraviesa el pantano de la vida.

¡Madre, qué bendición hay en tus manos!
¡Oh, qué gran bendición! Siempre en mi ruta,
cuando me acosan los demonios vanos
y malos, de mi espíritu en la gruta
más hosca y más cerrada,
siento tu bendición inmaculada
como un soplo de brisa perfumada
que llega de los ámbitos lejanos,
cuando la brega pasa…!

¡Madre, qué bendición hay en tus manos!
Me acuerdo de tu mano grata y grave
como del ala blanca de esa ave
que cruza el pensamiento:
¡Amor! ¡Amor!… De tu mirar suave
como del firmamento
por donde pasó el ave,
el ave luminosa de mi cuento.

Manuel de la Parra

TLANELTOQUILIZNANTLI
[OBEDIENCIA A UNA MADRE]

Nonantzin, nemitzmo tlazohcamachililia cemomoztla;
in ahic tenichmo cahcahuilia,
quen axcan ihpanin cahuitl ahmo tinechmo ixcahuilia;
tehuatzin tinechmo tlazohtilia.
Tehuatzin ahmo notlac timocualanitia,
motlactzinco zan yectli ihuan tlazocauh.
Nicnequizquiani nimitzmo tlacuililiz cente citlalli,
ihuan aic nic mapixtaz.
Cachi cualli nehuatl nipetlaniz,
ihuan nemitzmo cualnextiliz notlazohnantzin,
tehuatzin noyolotzin ihuan nocitlaltzin.

INOCENTE MORALES-BARANDA

Madre mía, diariamente le doy a usted las gracias;/ porque
usted jamás me ha abandonado./ Como hasta hoy de su vista
no me ha perdido, usted me quiere mucho,/ en usted no en
balde hay enojo que no sea para bien,/ en usted hay rectitud
de amor;/ yo quisiera regalarle una estrella,/ pero nunca la
tendré en mis manos,/ es mejor que yo brille acatando sus
consejos/ para honrarla siempre a usted, madre mía,/ porque
usted es mi corazón y mi estrella.

[SI ALGUIEN INTENTA LLEVARTE]

Si alguien intenta llevarte
no podrá
tus raíces son más profundas
que la mar

GABRIELA LEÓN

NOCTURNO A MI MADRE

Hace un momento
mi madre y yo dejamos de rezar.
Entré en mi alcoba y abrí la ventana.
La noche se movió profundamente llena de soledad.

En el cielo cae sobre el jardín oscuro.
Y el viento busca entre los árboles
la estrella escondida de la oscuridad.
Huele la noche a ventanas abiertas,
y todo cerca de mí tiene ganas de hablar.
Nunca he estado más cerca de mí que esta noche:
Las islas de mis ausencias me han sacado del fondo
                                        [del mar.

Hace un momento,
mi madre y yo dejamos de rezar.
Rezar con mi madre ha sido siempre
mi más perfecta felicidad.
Cuando ella dice la oración Magnífica,
verdaderamente glorifica mi alma el Señor y mi espíritu
                        [se llena de gozo para siempre jamás.

Mi madre se llama Deifilia,
que quiere decir hija de Dios, flor de toda verdad.
Estoy pensando en ella con tal fuerza
que siento el oleaje de su sangre en mi sangre
y en mis ojos su luminosidad.
Mi madre es alegre y adora el campo y la lluvia,
y el complicado orden de la ciudad.
Tiene el cabello blanco, y la gracia con que camina
dice de su salud y de su agilidad.
Pero nada, nada es para mí tan hermoso
como acompañarla a rezar.
Todos los días, al responderle las letanías de la Virgen
—Torre de Marfil, Estrella Matinal—,
siento en mí que la suprema poesía
es la voz de mi madre delante del altar.
Hace un momento la oí que abrió su ropero,
hace un momento la oí caminar.
Cuando me enseñó a leer me enseñó también a decir versos,
y por ese tiempo me llevó por primera vez al mar.

Cuando la pobreza se ha quedado a vivir en nuestra casa,
mi madre le ha hecho honores de princesa real.
Doña Deifilia Cámara de Pellicer
es tan ingeniosa y enérgica y alegre como la tierra tropical.

Oigo que mi madre ha salido de su alcoba.
El silencio es tan claro que parece retoñar.
Es un gajo de sombra a cielo abierto,
es una ventana acabada de cerrar.
Bajo la noche la vida crece invisiblemente.
Crece mi corazón como un pez en el mar.

Crece en la oscuridad y fosforece
y sube en el día entre los arrecifes de coral.
Corazón entre náufrago y pirata
que se salva y devuelve lo robado a su lugar.
La noche ahonda su ondulación serena
como la mano que en el agua va la esperanza a colocar.

Hermosa noche. Hermosa noche
en que dichosamente he olvidado callar.
Sobre la superficie de la noche
rayé con el diamante de mi voz inicial.

Mi voz se queda sola entre la noche
ahora que mi madre ha apagado su alcoba.
Yo vigilo su sueño y acomodo sus nubes
y escondo entre mi angustia lo que en mi pecho llora.

Mi voz se queda sola entre la noche
para decirte, oh madre, sin decirlo,
cómo mi corazón disminuirá su toque
cuando tu sueño sea menos tuyo y más mío.

Mi voz se queda sola entre la noche
para escucharme lleno de alegría,
callar para que ella no despierte,
vivir sólo por ella y para ella,
detenerme en la puerta de su alcoba
sintiendo cómo salen de su sueño
las tristezas ocultas,
lo que imagino que por mí entristece
su corazón y el sueño de su sueño.

El ángel de la media noche,
llega.
Va repartiendo párpados caídos
y cerrando ventanas
y reuniendo las cosas más lejanas,
y olvidando en olvido.
Poniendo el pan y el agua en la invisible mesa
del olvidado sueño.

Disponiendo el encanto
del tiempo enriquecido sin el tiempo;
el tiempo sin el tiempo que es el sueño,
la lenta espuma esfera
del vasto color sueño;
la cantidad del canto adormecido
en un eco.
El ángel de la noche también sueña.
¡Sólo yo, madre mía, no duerno sin tu sueño!

CARLOS PELLICER

HORA SENTIMENTAL

Tus dedos largos y finos,
tus maravillosos dedos
hilan, hilan, hilan, siempre,
albos vellones sedeños.

Tejes y, tejiendo, labras,
como una trama de ensueños,
una bata tibia y blanda
para tu niño pequeño.
Tejes, y, tejiendo, cantas
una canción que me aduerme,
y así, arrullado, me siento
débil, pequeño e inerme.
Que tejan tus bellos dedos
la mortaja de mis sueños,
y que me arrullan tus cantos
con su acentos sedeños.

Bueno seré, bueno y puro,
vencido por el sereno
influjo de tu presencia
en esta tarde de invierno.

AMADO NERVO

DE LOS QUE ESTÁBAMOS Y ÉRAMOS
(FRAGMENTO)
SIETE

Para Ana María Kullick

Hay un poema, madre, que empieza
  con un verbo,
con un ápice, con sólo la mirada de aquel
  que se ha bebido el miedo de
estar solo de pie sobre una casa y vuelve
  sobre sí,
en medio de su cuerpo, adentro de la
  noche.

Hay un poema en la punta del verbo,
  madre
y la mirada de aquél que lo ha bebido
  domina la extensa y larga noche, solo,
  en medio de su cuerpo.

Hay un poema, un ápice de infierno en el
  iris del ojo que nos mira y el
  cuerpo de la madre lo cobija,

le traduce el aliento de la luna y le duerme
   la célula de amor y soledad
   que lo envenena.

Hay un infierno en el párpado del hombre
   a la intemperie.
La noche lo guarece del olivo.
La noche es la madre prometida,
la amante que aborta en medio de su
   cuerpo,
infecto el corazón de amar se pierde.

Hay un hombre en el nervio que se altera
   de agónica pulsión entre sus
   manos.
Hay un músculo enfermo, infecto de
   hambre, de soledades contraído
y luego entra aquella que ha hechizado
   las estrellas, la dama, la ruleta
   que aprieta el gatillo,
la niña que enamora los desiertos.

Poema para garganta que desuella el
   verano, madre,

poema girando como el ave que matamos.
  madre mía,
poema escrito en pliegues y plumas que
  hierven y en despojo,
poema de hígado, entresijos, de sangre
  concentrado
atemporal, buenaventura.

Amo tu nombre, tu anciano amor, tu no
  saber a dónde va mi hambre.

OFELIA PÉREZ SEPÚLVEDA

LA COSECHA

¿Qué oscura fuerza, madre, o qué te determina?
Algo hay sin duda, cuando ya no oigo tu celeste gravedad.
No, y era un río tu cuerpo.
No, y la manzana de tus ojos.

Pregunto tocando los contornos,
la piel espesa de la noche
y si respondes no es tu voz, sino otra dura.
Nunca te he tenido mía, individual,
saliéndome tú del cuerpo, sino cóncava como una iglesia
profunda como una nave,
madre como el mar.
Lloras y tus lágrimas caen como torres derribadas
una a una en Guernica, en Teruel,
en el bajío de mi patria donde diariamente
un campesino cae o un maestro queda ciego.
Como tu llanto por la nieve sangrienta de Smolensk,
como en cada joven sin labios caído en el hemisferio.

No recuerdo si rezabas y no sé, creo que no.
San Andrés de la Sierra era tu poesía
y desde ahí soñabas como hijos, un músico, un pintor…

No recuerdo si junto a mí, en la penumbra de una
    habitación
rezabas algo; y no, no quiero recordarlo;
una vez caíste de rodillas. Me llevaban preso.

Levanta tu enorme rostro gigantesco
donde ha penetrado el mármol y crecen las flores.
Abre los huesos de tus ojos
donde cada ocho días penetra el agua del jardinero.
Estamos aquí compareciendo ante la luz.
Ya tus lágrimas triunfan.

JOSÉ REVUELTAS
Mayo de 1942

TRÍPTICO MATERNO

Ayer
Fui ayer —decía Tagore—
la secreta melodía que cantaste
con la minúscula certeza
de que un día me tendrías entre tus brazos.

Y llegué —como la aurora—
tan temprano y somnoliento
que tu risa despertó mi fiel latido
al contemplar tu semblante arrullador.

Y tu voz se afirmó en mis sentidos
y creí saber que todo eran caricias:
el vacío recipiente memorioso
comenzaba a atesorar tus deferencias.

Bella música rodeaba la existencia
el inicio de la vida prometía cosas firmes
y quería —sumergido en tus mágicas palabras—
transcurrir todos mis años.

¡Qué pueril sueño sereno!
Ya mis pasos maltrataban tu orden rutinario
y causaba sedición con mis voces primerizas
los castigos merecidos transformaban mi conciencia
para verte siempre recta   punitiva   respetable.

Me crecieron más los huesos   la memoria   las palabras
y tu esencia —ya tan mía—
creció con el tiempo.

Nuestra casa contempló sufrimientos tolerados
por tu fe
heredaste lo seguro de sus pasos
y el sendero de tus actos aprendí que merecía
penetrar en todo
para hollar todos los yerros
de mi mente adolescente.

Hoy
Digna frente   cabellos semicanos
rostro adusto   gestos firmes
te distinguen y persistes
con segura voz de mando
plenamente convencida de todo lo que haces.

Admirarte significa poca cosa si propongo
hacer hechos tus conceptos

Mañana
Perdedizo en el futuro
no contemplo y menos fijo
en la vista lo postrero
pero sé con certidumbre
que el camino que has dejado
para andarlo sin flaquezas
brillará fiel y certero.

LEOPOLDO CERVANTES-ORTIZ

PLEGARIA A LA VIDA

Guarda tu ceño y guarda tu sonrisa;
tú me forjaste en esperanza y duda,
y así estaré cuando la muerte acuda;
ni me asalta pavor ni tengo prisa.

De cara al sol, la madurez divisa
el bien y el mal; el alma está desnuda
en el fragor de la tormenta ruda
y en el vuelo de aromas de la brisa.

Deja al reptil bajo la verde alfombra;
deja al amor hiriéndome en la sombra
hasta agotar las flechas de su aljaba.

Sé cual mi madre, dura y placentera:
¡qué mar salobre en su actitud severa,
y qué río de miel cuando besaba!

ENRIQUE GONZÁLEZ MARTÍNEZ

LA CANTANTE BLANCA

1.

Para mi madre,
Rosario Romero

¿Son tus pies los que llegan primero o es tu canto el que amanece más temprano? Canto o andar. Son: baile con querencia y recuerdo.

Te levantas y pones en el tendedero la niebla de día, le lavas la cara al sol lagañoso. La premura de la mañana y la calma de la noche ritman tu andar matutino, atinas. Cantas y bailas. Severo cuerpo andando por rincones y patios del laberinto multifamiliar. Adiestras a los vecinos sus siniestros pasos ebrios.

Lejos del gozo intercambias voces con tus compadres soeces; llegas temprano a tus enfermos y les unces esperanza en la frente. Vestida de blanco, al penitente y al moribundo inspiras confianza. Con este (h)ábito inmaculado partías presurosa a La Villa de Guadalupe, donde trabajas para el Matasanos, señor de cuchillo y billetera.

Nosotros, tus tres mosqueteros nos mosqueamos en la penumbra, esperando tu regreso. Inmaculada te fuiste y llegas inmaculada. Le pones un acento blanco a la noche; vuelves blanca a pesar de tantas llagas y sangre cercando los alrededores de La Villa de nuestra señora.

Volvías con el pan de dulce al alcance de nuestras ansias, nos encontrabas mordiéndonos las entrañas. Ponías la calma en la mesa de las discusiones y tendiendo la cama cansada de tanta alegría infantil, nos veías cenar.

Por el cuarto y la cocina ya había corrido mucho sudor de juegos helados y severas tareas escolares. (No revisabas tareas, no conocías la O por lo redondo sino por lo que tiene de ágil vocal en tu beso para nosotros).

Sigues blanca de pies a cabeza. Ahora les das maíz a los eternos hijos de tus hijos, con tu siempre canto y siempre baile. Tus pies y tu voz no son los de antes, son de pluma: ligeros, frágiles y tenues. Flotas y meditas. Ya no pesas y los años te pasan zumbando alegres, sin titubeos, o se quedaban sentados moliéndote las rodillas en la mañana que se anuncia con campanadas llamando a misa.

Camino sin canto contigo a paso lento, te acompaño a darles voces frescas a tus dolientes, a tus ahijados, a todos los que se muerden las uñas pidiéndote un pedazo de consuelo. Te intuyen por lo blanco de tu voz, por lo blando de tu andar.

En tu vida de guardadora de ríos fuiste ondina o canario. Por eso mi padre, árbol severo, te guardó en su bolsillo derecho; y ambos me acompañan andando por la orilla del río del tiempo. Él llegó a la mar primero y hacia allá avanzamos, pasito a paso, internándonos en el bosque de su sueño.

2.

Para mis hermanos Tita, Toña, Rogelio y Víctor

«quisiera darte una palabra concreta
que fuera piedra para tu cielo
o nube para tu sueño
¿acaso una lágrima no es otra forma
de la palabra exacta: dardo de sal?»

fuera de mí se reunieron las manos de mi madre
como guardianes de su templo construido para tu verbo

ella aboga por ti por mí por todos nosotros

manos y oraciones que nos salvan cada semana
del vuelco vocal del Padre León
le pide al Señor que nos conforte

«¿qué palabra sé
sin quedarme sediento
que acompañe las claras plegarias de Rosario?»

su voz
la seña de la señora
brindando con la copa en alto
pidiendo que todo mal se aleje
para bien de sus hijos

esa voz libra nuestros pasos del camino pedregoso
                              [de las promesas
esos rezos monocordes nos abren el pecho
ofrecen nuestro corazón al grito

«su voz es la palabra que no podía decirte
Nuestra Señora es la palabra con eco de nosotros»

ARMANDO OVIEDO

EL BRINDIS DEL BOHEMIO
(FRAGMENTO)

—Brindo por la mujer, mas no por ésa
en la que halláis consuelo en la tristeza,
rescoldo del placer, ¡desventurada!,
no por esa que os brinda sus hechizos
cuando besáis sus rizos
artificiosamente perfumados.

Yo no brindo por ella, compañeros,
siento por esta vez no complaceros.
Brindo por la mujer, pero por una,
por la que me brindó sus embelesos
y me envolvió en sus besos:
por la mujer que me arrullo en la cuna.

Por la mujer que me enseño de niño
lo que vale el cariño
exquisito, profundo y verdadero;
por la mujer que me arrullo en sus brazos
y que me dio en pedazos,
uno por uno, el corazón entero.

¡Por mi Madre!, bohemios, por la anciana
que piensa en el mañana
como en algo muy dulce y muy deseado,
porque sueña tal vez que mi destino
me señala el camino
por el que volveré pronto a su lado.

Por la anciana adorada y bendecida,
por la que con su sangre me dio vida,
y ternura y carió;
por la que fue la luz del alma mía,
y lloró de alegría,
sintiendo mi cabeza en su corpiño.

Por ésa brindo yo, dejad que llore,
que en lágrimas desflore
esta pena letal que me asesina;
dejad que brinde por mi madre ausente,
por la que llora y siente
que mi ausencia es un fuego que calcina.

Por la anciana infeliz que sufre y llora
y que del cielo implora
que vuelva yo muy pronto a estar con ella;

por mi Madre, bohemios, que es dulzura
vertida en mi amargura
y en esta noche de mi vida, estrella...

El bohemio calló; ningún acento
profanó el sentimiento
nacido del dolor y la ternura,
y pareció que sobre aquel ambiente
flotaba inmensamente
un poema de amor y de amargura.

GUILLERMO AGUIRRE Y FIERRO

ELEGÍAS

ELEGÍA MATUTINA

I

Ahora que los días parecen impregnarse de la melancolía
  que siempre rodeó tu rostro, tu mirada, tus cosas,
que el trajín de la lluvia se empeña en borrar cualquier
  rastro que me queda de ti, diluyéndolo, distorsionán-
  dolo las gotas,
bajo esta opacidad que bruñe las esquinas, empaña las
  ventanas, difumina el perfil de los árboles erguidos
  temblando contra el cielo,
que la mañana emerge humedecida por esta luz obstina-
  da y fina, impenitente como una veladura que en-
  mascara los contornos del mundo
y pone con su tristeza calosfríos en el alma, ahora que el
  estribillo de la lluvia machaca sin descanso la reme-
  moración, la añoranza,
nublando nuestra percepción, emborronando los perfi-
  les, ateriéndolos,
todo el tiempo el mismo aflictivo rumor al caer, la insis-
  tente percusión de la lluvia, sus dedos de agua tam-
  borileando en los parches del alma como un percu-
  sionista demasiado incisivo,

quisiera preservar, poner en orden en las recámaras del
corazón la multitud de instantes: emociones, sentimientos, recuerdos,

predilecciones, manías, gustos, rechazos en los que te has
convertido y en los que de alguna manera sigues vi-
viendo en mí:

la calle en que vivíamos, adornada por un camellón donde se erguían, retorcidas y augustas, las fulgurantes
jacarandas,

una reja de hierro que cercaba un jardín de rocas y de
rosas, una escalera con barandal girando a la derecha,
un cuarto cuyas ventanas daban a los volcanes, una
terraza con piso de ladrillo,

la respiración de un hermoso *setter* irlandés arrollado por
un automóvil que agonizaba en el asfalto cubierto de
pétalos lila, y a cuyo lado alguien, una mujer, solloza-
ba mientras tú procurabas alejarnos de ahí,

algunos objetos traídos después de un largo viaje: figuri-
tas de metal y de barro, lienzos de seda, un prendedor
y un anillo de ámbar, la escultura de una mujer en
ébano, un vaso de cristal, un barómetro,

el jardín de tu hermana en el Pedregal, olas de lava la-
miendo altas playas de flores, un esplendor perdido,

la risa de tu amiga pianista, que vivía encerrada y habla-
    ba con espectros, divertida y temible, locuaz en su
    locura inofensiva,
los relatos del tío periodista, desorbitado, fiero y corrup-
    to, bebedor implacable, que buscaba tu sensatez, tu
    temple para templarse él,
su mujer, tu hermanastra, elegante y excéntrica, los viajes
    a Tezcoco y a Puebla, los paseos a caballo, muchos
    días en el mar,
la casa de Mixcoac, sus arcadas de piedra y sus altos fres-
    nos, su patio de adoquines, su claridad cordial,
el verdor de tus ojos cuando hablabas de tus días de es-
    tudiante en Boston e ibas los fines de semana a escu-
    char música,
o cuando hablabas de la pira que encendieron tus her-
    manos y tú para librarse del asfixiante recuerdo de la
    madre muerta,
imágenes de ti que conservo y que en esta mañana gris
    de julio han vuelto con su cauda de luces, con sus
    estampas de guardar, sus cromitos de niebla:
regresan a inquietarme, a hurgar en las comisuras de mis
    sienes, a erigir su tinglado de aflicción y tristeza don-
    de no cabe más que el placer de la reminiscencia.

Curiosidad, tenacidad, entusiasmo, sed de lecturas, el
amor de la música, la templanza, el fiel de los ances-
tros, eso eras.
La intersección de estas formas traza algo de tu perfil,
que va adquiriendo una concisa pátina bajo la taran-
tela de la lluvia que cae deslavándolo todo.

El cielo, que ha hecho agua, trae ahora tu imagen,
mamá.

2

Tu cuarto olía a caoba y a rosas, a flores de jardín, a
musgo tierno, los objetos apenas se atrevían a existir
muy quietos en sus sitios esperando tu vuelta, lámpa-
ras, perfumeros, libros,
el ropero, la cama, el espejo, todo parecía susurrar en las
horas acuosas de la madrugada que contenía la respiración aguardando como el que al borde de un desfi-
ladero no decide cual pie desplazar,
y un vuelco de alegría aliviada los inundaba al oír que las
duelas del pasillo crujían bajo el peso de tus pisadas,
al alba, cuando volvías de tu trajín nocturno,
estragada por la exigencia de una tarea sin pausa, fatiga-

da por su ingrata tensión a lo largo de salas y pasillos
y cuartos del hospital donde como un hada, nimbada
y blanca, velabas una noche sí, una no,

y entrabas sigilosa para no despertarnos a pesar de que
en unos minutos deberíamos levantarnos para ir a la
escuela, gabrielito, adrián, maría,

y fingías dormir hasta que entrábamos a darte los buenos
días, a despedirnos, como si no te hubieras ausenta-
do, como si toda la noche hubieras estado ahí y la
vida anduviera su curso normalmente,

leona obligada a alimentar a sus cachorros, dormidos en
la noche y vigilantes en el día, te diste con rigor a la
tarea de afirmar un hacer acuciante y difícil.

¿Cuántas noches en vela pasaste, navegante de golfos
sombríos, recorriendo caletas purpúreas, evadiendo
remolinos y arrecifes y riscos del no dormir?

¿En la deriva de esas noches sentiste que la oscuridad se
espesaba sin remedio y que sólo era posible avanzar a
tientas y que el mundo ante ti se deshacía como una
telaraña?

¿Pensaste alguna vez que nada podría tener sentido, que
tu vida podría muy bien ser ilusoria o inútil, que al
final de ese túnel no había nada, que quién sabe, y el
alba te salvó?

Una respiración de palabras secretas: el mundo era unas
salas de hospital.

3

En el jardín, flores y arbustos: hortensias, gardenias, da-
lias, el palo loco y sus dedos crispados, su melena
amarilla, su baba verde,
las florecitas de San Juan, polvo astral sobre crespas
colinas de lava ondeaban en las inmediaciones de
Cuicuilco,
recogíamos tarántulas, raíces, flores, grillos, piedras,
cada excursión procuraba su cuota de vida para ser
observada,
o en los bosques de Hidalgo, junto a las peñas, las hojas
se cerraban, púas de pinos y bayas de eucalipto, piño-
nes de oyameles, hojas sobre la tierra leonada,
heno, ramas de cedro, cortinajes de musgo gualda, la clari-
dad cremosa de un claro refulgiendo, campanas de luz,
o aquella navidad que debiste hacer guardia y nos queda-
mos a celebrar contigo, los pasillos brillaban con una
luz metálica,
un resplandor violento y azuloso que hacía más opresiva
la atmósfera desolada de aquellos muros,

76

los cuartos en sordina despedían destellos fosfóricos: país
   de estrías de vidrio, país de púas, ácido y enconado,
seres de blanco, ángeles fantasmales en las reverberantes
   salas, las enfermeras meticulosas, blancas, nítidas,
   beatíficas, aladas casi parecían no dejar nunca de
   circular, su paso me alteraba,
deslizarse de zapatos con suelas de goma en las losetas
   enceradas, chirridos, pasos, cofias, la singladura de
   una navegación angulosa y profusa,
pasos, susurros, pasos, tintineo de frascos de vidrio, ro-
   dar de llantas de hule sobre la lisa superficie,
olor a mercurio y a yodo, olor a ropa sucia, a sudor, a
   punciones, murmullos, cuchicheos en los cuartos,
cicatrices que no terminan de cerrar, pústulas reventan-
   do, puertas que se abren con un chasquido húmedo,
   quejas, susurros,
un sonido suave, un golpeteo, un rumor acercándose, un
   chirrido aproximándose por los corredores,
el frú-frú de las medias de nylon al rozarse en los muslos,
   pasos, pasos en el linóleo, crujido de suelas de goma,
cofias blancas en la luz espectral, temblor de vidrios, de
   frascos agitados bajo un lustre de luz fluorescente: un
   ámbito narcótico.
Adiós ahora, adiós, adiós.

4

Ojos de polvo, facciones de polvo, ceniza, hojas revueltas, remolinos oscureciendo las ventanas que dan a
los fragmentos de un territorio mítico:
las hondas galerías del Museo de Moneda, la tumba de
Pacal (entonces no sabíamos su nombre), la ciudad
de los dioses, los yerbazales de Tepexpan, corredores y
salas de Tepotzotlán y de Acolman,
que en ciertos rincones, entre las vigas, en el remate de
los arcos, en el entablamento de algún friso, conti-
núan reflejando algún aspecto de ti
fieles a la pasión que te hacía recorrer, ligera, sus espacios
y subir y bajar y cruzar referencias y fechas y motivos
arrebatada por una emoción y una sed contagiosos.
Bajo la telaraña de la lluvia surgen otras vivencias: la
nieve en la ciudad, esa mañana, por todas partes, en
las banquetas y copas de los árboles, cuando el invierno izó en el altiplano sus pabellones de seda violeta o
blanca,
sus guirnaldas de niebla, sus cortinas de luz helada, y tú
nos llevaste a verla, nuestro gozo infantil bajo los co-
pos, las chimeneas prendidas en aquella casa en el
Chico,

4

los poemas de López Velarde que me leías, tu temprano
    entusiasmo por Rulfo, tu devoción por Kafka,
vigilante cuando bordeamos el abismo, admiradora de
    los jóvenes: los juglares ingleses, el poeta-filósofo, las
    piedras,
supiste ejercer tus simpatías transportando estudiantes
    aquel otoño del 68, cuando creímos que el tiempo se
    movía de nuestra parte.
Lánguida, susurro sosegado, la lluvia hace añicos edifi-
    cios, esquinas, casas en los charcos donde se ahonda
    el reflejo de la ciudad,
Insurgentes esquina con Reforma, y un poco más allá, la
    incipiente caligrafía de los anuncios luminosos cente-
    lleaba en todos los puntos de la glorieta,
el pulso de la noche bajo la empalizada de la lluvia ensan-
    chando sus tentáculos, sus galerías, sus compuertas,
hojas, susurro de hojas, el telar de la luna, el patio bajo la
    lluvia, pasos, la barda con la jardinera donde la yedra
    alzaba su cerca de verdor: luz de agua encharcada,
un vaho gris pardusco en los espacios de la casa que tu
    ausencia tiñó de una coloración parecida a márgenes
    de ríos, a pantanos y sombra.

Cierra los ojos y ve.

5

A veces la oscuridad se hace tan densa que tenemos que
palpar con las manos, tentar en las tinieblas para poder seguir.

Ángeles tristes, cruces, columnas rotas. Susurros. Un
viento áspero, polvo, arena, lodo, vapor, humo en
todas partes, niebla gris. Madre,

déjame oír lo que no oigo, déjame estar más cerca. ¿Dónde estás? ¡Si pudiera abrazarte sin que te desvanezcas
como un sueño!

Madre, créelo, puedo oír tu respiración, la sombra clara
sobre el muro, más cerca, como un rostro con los
ojos vendados. ¿Me quedaré con algo? Coronas mo-
hosas, polvo muerto.

¿De quién eran los ojos con que vi las tumbas de los reyes en la basílica que me pediste ver por los tuyos?
¿Las viste tú a través de los míos?

Pienso en ti, e imagino que te desprendes de la sombra e
irrumpes y vienes a mi encuentro, y por un instante
estás aquí, con tu determinación y tus maneras ára-
bes, con tu nariz hindú, tus ojos de gitana, tu prag-
matismo,

con el sonido ronco de tu voz, con tus manías y tus su-

persticiones, con tu cáncer, tu ineptitud en la cocina,
   tu propensión al sufrimiento, con tu curiosidad bien-
   hechora, tu gusto por la música.
De regreso a la tierra, hundida en los surcos de las llamas, como una mata de salvia que asciende hasta la
   casa del amor,
paz a tus cenizas donde ahora reposen: rumor de alas
   que levantan el vuelo, se hunden en lo oscuro y no
   volverán.

FRANCISCO SERRANO

[ESTE DOLOR, ¡OH, MADRE!, NO DECRECE]

In Memoriam. Liturgia
para mi madre muerta, 1981

Este dolor, ¡oh, madre!, no decrece,
no cede, retrocede ni rehuye,
ni pasa, ni reposa o se diluye,
ni se sacia, se hechiza o se adormece.

Difusa nebulosa, arrasa, escuece
y de sí misma se desplaza y fluye;
infiltra corrosión mas no destruye
sino en su sordo impulso prevalece.

¿Cómo, pues, si me asfixia este quebranto,
regarte tu rosal con lava en llanto,
aunque medre entre lápidas sedientas?

¡Oh tus rosas, espejo de ternura!
¡Oh tu ausente presencia, que perdura
a pesar de estertores y osamentas!

ENRIQUE GARCÍA CARPY

DÉCIMAS A MI MADRE

II

¿Cómo puede ser ausencia
una ausencia en que la muerte
sólo me priva de verte
pero no de tu presencia?
Si llevo en mí tu existencia
como lucero escondido
que íntimo y sumergido
mi vida sabe alumbrar,
¿cómo es posible pensar
que al morir te has estinguido?

IX

Desde el aire silencioso
tu silencio se desprende
y sobre mi piel extiende
su contacto misterioso.
Con su temblor amoroso
secretamente realiza
lo etéreo que te precisa,

y entre sus ondas percibo
que aunque libre soy cautivo
de la cárcel de tu brisa.

x

Si tu presencia perdí
mi corazón la ganó
porque al morirte quedó
tu vida dentro de mí.
Ahora te guardo así
como a sus flores el higo
y a mi existencia te ligo
en unidad tan entera
que sólo cuando muera
morirás también conmigo.

ELÍAS NANDINO

TRASLACIÓN DE DOMINIO
(FRAGMENTO)

Yo estoy sangrando contigo, madre
de mi aorta nace una cascada de aves
que caen sobre la duela,
una parvada de pájaros oscuros
que vuelan al árbol de la ciencia
                    y caen,
caen adentro, se desploman.

En su follaje, ahogada, el agua de mi muerte
    me mira,
                                        dice
            *En este jardín están muriendo, se pudren
            los duraznos en la rama.*

                            MARÍA RIVERA

TUMBA DE MI MADRE

Cementerio luminoso en el día.
Mi hijo salta por entre las fosas
y va dejando huellas como rosas
que en mí suscitan una flor tardía.

(Este miedo que grita a mediodía.)
Pero son tan naturales las cosas
en estas vegetaciones morosas,
que ante tu propia tumba sonreiría.

Y descubro de pronto, miope y lento,
que la muerte es lo mismo que la piedra:
permanente y durable monumento

en que la vida parásita medra,
y crece en mí un afán, que no resiento,
de ser sobre tu lápida una hiedra.

RODOLFO USIGLI

LETANÍA DEL PRIMOGÉNITO

¿Dónde están mis hijos? Es la voz de la madre, la voz
de la llorona, un sonido hueco que se expande.

Mis hijos, la llorona llora, mis hijos
¿Están dónde?
y aunque los encuentre, seguirá la letanía.

Es la llorona, un cadáver ambulante,
una plañidera.

       —Hijo tuyo acá, aquí en donde la
       omnipresencia.
       Hijo tuyo aquí está,

y aunque lo encuentre seguirá llorando.

       —Hijo tuyo aquí está,

y aunque lo encuentre seguirá queriéndolo, buscándolo
                                  [hasta la costra

¿Dónde está?

—Mamá aquí,

responde el hijo con una mueca que azota su rostro.

—Madre, virgencita, quiéreme,
aproxímame para que escuche tu llanto.

—¿Dónde están mis hijos?
¿Dónde está el primogénito?,

y nadie responde porque la madre es un cadáver
ambulante, una plañidera, un absurdo

—Madre tontita, madre, madrecita,
mamá, aquí debajo de tus senos
estamos,

dice el primogénito y a la mamá, a la llorona, le surgen
las del hijo caras por todo el cuerpo, por toda su dura
muerte pesada, por todo el epitafio.

—Mamá inteligente, bonita, si quieres
te digo así para que me quieras.

Mamá grande, mamá muerte, mamá llorona, desarraigado sueño que cuelga de
ganchos, horcas.

Nunca te quise.
Nunca, sólo fingía, sólo te odiaba,
mamacita, si quieres te lo digo con mi
canto, con mi muerte que se expande
hasta el infinito.
Mamá ruega por diego, Sebastián y el
primogénito para que no muramos de
tristeza, mamá te busco, virgencita
linda te escribo.
Nunca te quisimos, nunca te amamos:
mamá muerte, mamá lluvia, mamá
lodo.
Escribo tu epitafio, mamá te amo, te
mato.

RODRIGO FLORES SÁNCHEZ

DÍA DE LAS MADRES

En la gracia infectada de este día
toda la dulzura oficia en tu rostro
las ansias de escapar en tu boca vencida
se vuelven pesadilla pocillo balcón yermo
incapaz de acercarme al lecho a pedir tu perdón
apretujarme al monte seco de tu cuerpo
desde que duermes en esa lejana transparencia
bajo el cieno los licores y el mendrugo
cada día sin tu semblante es tierra en la garganta
pesar de luciérnaga en mi boca entumida
madre mareo miedo mudo macabro medroso
madre mes malhadado místico musgo
madre mueca malvada muesca mártir murmullo
madre mañana mugrosa malabar muralla
madre mendicidad milagro maltrecho y maleza
llueven orquídeas que tienen tu rostro
mientras te alejas con la parvada
en ese vuelo despojado de toda esperanza
que destraba gemidos crucifijos y tijeras
señala la vereda donde las piedras meditan
y piensan cómo arroparte del vacío
vencer la relente el picoteo del desprecio

me cerca la noche y sus farolas retraídas
el camino a casa donde los retratos son susto
voy al resguardo de la duda perpetua
a ordenar la soledad en el rocío
disponer del oprobio y saborear sus hálitos
tengo miedo de saberme despierto
para beber soliloquios y ventanales
madre miel munífica mordida madriguera
madre medicina mustia mes macerado mendicidad
madre misterio magro mensaje miserable
madre mandrágora mística música malvada
madre murciélago milenario mesías y muralla
arrastro a tu morada las parábolas
los instantes en que tu mirada era todo principio
tus pupilas no dejan de ser el candelabro
pero no puedo encender sus anhelos pardos
y ciego de toda providencia
sin tu mano en la infancia con fiebre
sacudo en la penumbra tus santos tímidos
la memoria iridiscente del rancio padrenuestro
dame tu alcohol por piedad
he buscado en tantos cirios cielos celosías
y no tengo más fracturas que asumir
solo cargo el sueño seco del demonio

cuando cavila en las noches patibularias
su fatiga y desazón reblandecidos
resabio de escarcha osarios y madrugadas
aspiro al huerto ennegrecido
en él están tus pasos y tu sonrisa
allí descansa mi arrepentimiento
tu antibiótico sumiso es mi santuario
voz en el sueño sollozo que cae de la capilla
eres la paloma en la hora triste del sustento
madre macerada misericordia
madre misal mendrugo mecido marasmo
madre mullido monte muñeca maullido
madre melodía macabra molino miedoso
madre muro mazazo y mordedura
de nuevo me levanto te sigo despedazo los umbrales
cruzo los escapularios tiemblo a tu sombra
la tarde ladra las noches infectan el olvido
amo el gruñido de tu ausencia
cada latido aniquilado vísceras y nardos
alzo la tromba en tu memoria
acudo a las alturas a tu duelo floreciente
tras la grávida fisura que retiembla
otra vez el destello otorga sus trinos
los humildes aleteos que conjuga la mañana

regreso a casa para enhebrar el resquemor
abre la boca tu hiel silenciosa
es tu regazo ardiente de frío
polvo sacro que conmueve
despelleja nuestras ilusiones
madre plena eres desgracia
y toda tu erosión se mece frente a mí
en la gracia infectada de este día

CÉSAR ARÍSTIDES

EMBARAZO, GESTACIÓN
Y ALUMBRAMIENTO

EL OTRO

IV

Al amanecer me encontré con la otra selva donde tampoco
puede perderme:
los árboles del jardín le gritaban al cielo azul —cierto que
totalmente azul, casi era aún de noche—:

«¡Es diferente! ¡Ella es diferente! ¡No le permitas que se
acerque a nosotros porque todo tu cuerpo nos recuerda a la cópula! ¡No percibimos en ella nada más que
vientre, vientre, Vientre!»

Respiré hondo a su lado, pero no me atreví a acercarme
a ellos;
frágiles bajo el rayo del sol, a esas horas, turbios,
los árboles eran puros fantasmas y aunque tenues
como nubes
nunca he visto sus formas más enteras.

Voy de hora en hora, de jardín en jardín,
de casa en casa
gastando mis zapatos inútilmente.

Tuve ocho años, hace no mucho tiempo,
pero pasar de los ocho a los veintisiete no me ha permitido
dejar de ser el gancho roído

y sí,
voy a tener un hijo.

CARMEN BOULLOSA

I

Pienso en Mary Wollstonecraft,
defensora de los derechos mujeriles
muriendo al dar a luz a Mary Shelley.
Pienso en Mary Shelley como admiradora del poeta,
como madre solitaria,
hundida en el temor circular
a los resultados espeluznanantes.
Su conciencia del mundo es más fuerte que nunca
porque la maternidad nos deja tocar (fugazmente)
la punta de la sabiduría
y nos sitúa, conscientes o no,
en el extremo más femenino de la feminidad
y nos ancla,

                para ya no movernos más.
Aquel verano huno tormenta:
en el lago, en el vientre y el cerebro de Mary.
Su alma recorrió el lago con lengua sedienta
buscando historias extrañas y tristes.
Así nació el Dr. Frankenstein y su entrañable monstruo.
Maravillosa historia de alabanza a la creación

que aún nos deja sin aliento.
Mary Shelley dio a luz dos hijos ese verano,
pero sólo perdura el monstruo porque a veces, o siempre,
la maternidad es aquella mezcla de asombro y horror
ternura y desesperación.

III

Hay que mirarse mucho en el espejo.
Escudriñarse los ojos para entender.
Mirarse la figura, de frente, de perfil.
Y luego, el vientre.
Como bailarín narcisista
    como gato confundido
dar vueltas y ronronear quizá
hasta soltar un maullido de azoro
porque la deformación te sobrepasa
y entras dando traspiés
al mundo circular de lo redondo.
Ahí, donde tus pechos son ajenos porque duelen
    y tus piernas se alejan del centro
        y uno no sabe de dónde asirse.
O quizá sí, el espejo
sea el único asidero hacia dónde mirar.

La consigna es no perder detalle de la metamorfosis,
del cambio de piel.
Los ojos sobre el espejo
son las garras con las que rasgas
la realidad acuosa,
resbaladiza
de la maternidad.

V

De la unión de dos células
viene la creación y el festejo.
En el parto comienza
el largo y doloroso camino de la separación.

KYRA GALVÁN

ADÁN Y EVA

XV

Bajo mis manos crece, dulce, todas las noches. Tu vientre manso, suave, infinito. Bajo mis manos que pasan y repasan midiéndolo, besándolo; bajo mis ojos que lo quedan viendo toda las noche.

Me doy cuenta de que tus pechos crecen también, llenos de ti, redondos y cayendo. Tú tienes algo, ríes, miras distinto, lejos.

Mi hijo te está haciendo más dulce, te hace frágil. Suenas como la pata de la paloma al quebrarse.

Guardadora, te amparo contra todos los fantasmas; te abrazo para que madures en paz.

JAIME SABINES

LA ANUNCIACIÓN
(A LA MANERA DE W.B. YEATS)

A Ricardo Newman

Fue el rumor de unas alas en la niebla,
y el dolor del dolor que devoraba
mis ingles, mis entrañas y escaldaba
tal el fuego en el yermo y la tiniebla;
desnuda y virginal me hallé vacía,
mi pequeñez se hizo ardiente grava,
me abandoné a su mando, fui su esclava;
y en medio del ardor y la agonía
magnifiqué de gozo, devastada.
Después ya nada supe, ya más nada,
sólo el rumor del viento entre las cañas,
la habitación a oscuras, un no sé,
y el miedo de los miedos, saber que
llevaría a mi Dios en las entrañas.

JAVIER SICILIA

[VOY A DECIRLO: EL MUNDO EN EL QUE CREO]

Voy a decirlo: el mundo en el que creo,
es tu vientre. Me niego a concebirlo
de otra manera que no sea en tu vientre.
Tal vez se representa en otra forma

y no la sé. Lo reconozco: falta
fantasía y metáfora. Repito:
el mundo está en tu vientre. En otra parte
están las otras cosas. Si quisiera

explicármelo ahora de otro modo,
ni en diez versos podría conseguirlo,
ni en once. He de decirlo muchas veces:

el sentido del mundo, de mi mundo,
se expresa en plenitud aquí en tu vientre.
Hoy creo que el mundo sólo está en tu vientre.

EDUARDO LANGAGNE

LA DURMIENTE

Lejos, la tarde; mi mujer duerme.
Duerme el vientre enigmático y pleno,
los brazos, eucaliptos desvelados,
su pelo, cascada entre los hombros.
Duermen los pechos llenos y dulces,
palomas que olvidan los mensajes.
Calla el paisaje vertiginoso de su espalda.

Está mi mujer en el sueño que yo invento,
en el fluir de su sangre que recibe
al afluente incontenible que baja
desde los resquicios de esa montaña aún sin nombre.

ERNESTO TREJO

ATRÁS DE LA MEMORIA

De hinojos en el vientre de mi madre
Yo no hacía otra cosa que rezar,
Por la grieta de su boca perfumada
Alguna vez el resplandor externo sorprendí;
No estaba yo al corriente de la realidad,
Pero cuando ella sonreía
Un mediterráneo fuego se posaba
En el quebradizo travesaño de mis huesos.

Era el imprescindible amanecer de mí mismo
y en aquellas vísperas de gala y de miseria
Pude oír el eco del granizo
Tras la nerviosa ventana carnal;
Arrodillado estuve muchos meses
Velando mis armas,
Contando los instantes, los rítmicos suspiros
Que me separaban de la noche polar.

Pronto empuñé la vida
Y con manos tan pequeñas
Que apenas rodeaban un huevo de paloma,
Jugué a torcer en mil sentidos,

Como un alambre de oro,
El rayo absorto que a otra existencia me lanzaba.

Cabellos y piernas con delicado estrépito
Saludaron al semáforo canicular.
Entonces halé hasta mis labios
La cobija de vapor que yo mismo despedía
Y me dormí en la profunda felicidad
Que uno siente cuando conoce el aire.

MARCO ANTONIO MONTES DE OCA

ACANTILADO PRIMIGENIO

Tienes todos los rostros
y ninguno.

Eres un racimo de astros,
infinita noche
de amor consumado.

Eres mi vientre
una montaña antigua.

Descendiste en el beso
cuando tu padre y yo
éramos un punto más
en el universo.

Eres presagio,
las manos del más amado,
pies que serán *manzana y mariposa*.

Eres acantilado,
palpitas suspendido

Aún no tienes nombre de país
ni ojos hundidos.

Quiero decirte que en este mundo
las mariposas tienen nombres extraños:
Iphiclides, parnassius, araschnia.

Quiero decirte, amor,
que hay un ave
con plumas de jade,
que vuela cerca de ríos y lagos;
se llama martinete.

En su vuelo duermes,
en una órbita ingrávida;
tienes la voluntad de los planetas.

Con una lengua de lejana galaxia,
con letras de polvo,
escribe silencioso
en el milagro oscuro
que te alberga.

KENIA CANO

ALUMBRAMIENTO

Pequeño timbre
portador de ventura
¡qué antiguo gozo!

El vientre anuncia
romero azucena eucalipto
El llanto derrama una láctea sonrisa

Aparece en el sosiego de la noche
una luz en tus breves ojos

KARINA SIMPSON

NACIMIENTO

Este dolor no tiene fisuras.
Es liso como una esfera de cristal. Es sordo.
Pesa todo lo que puede pesar,
no deja ver nada en él,

                              enmudece.

No comenzó nunca,
no veo su rostro, género y número.

Un hombre y mujeres de blanco
que lo transportan en camilla
    toman su pulso,
lo reciben con cuidado,
lo limpian, lo duermen.

Nadie detendrá el llanto de mi recién nacida:
crece, rebota en cada uno de los enceguecedores
azulejos,
regresa triplicado, centuplicado, magnífico;
se detiene un instante para aclarar el espacio
y levanta, contra sí mismo,
su propio telón de fondo
para resurgir desde el lama divina.

Rasando el techo y rasgando
     los vidrios
asoman las sirenas, alas
de helicópteros, el quejido alarmante
de las patrullas, la prisa,
el llanto nasal, unicorde,
del último informe de gobierno,
y absolutamente nada
                    ni nadie
logrará empañar la vida portentosa
     del llanto recién nacido.

DANA GELINAS

1º de noviembre de 1994

> —*Despierta, hermano Vicente,*
> *Vicente, despierta ya.*
> —*¿Qué tenemos, di, Clemente?*
> —*Un parto, el más excelente*
> *que se vio ni se verá.*

> —Di, Clemente, ¿quién parió?
> —Una dichosa doncella.
> —¿Y al Sol parió aquesta Estrella
> que el padre Eterno engendró?
> —Parida está la doncella
> del grande Dios de Israel,
> > *y aunque es muy hermosa ella,*
> > *mucho más hermoso es Él.*

> Es bella más que ninguna,
> más que el sol y las estrellas,
> y Él es el criador de ellas,
> del cielo, sol, polo y luna.
> Es virgen, madre y doncella,
> y Él es su padre y doncel,
> > *y aunque es muy hermosa ella,*
> > *mucho más hermoso es Él.*

FERNÁN GONZÁLEZ DE ESLAVA

[YO NO INVENTÉ ESTE NIÑO]

A mi hijo Alex

Yo no inventé este niño
apareció de pronto del fondo del universo
                    y no se me quita la sorpresa.

Siempre está aquí como un erizo que parte la corriente.

Sus mechones castaños
parecen golondrinas acurrucadas
                    burlando la tormenta.
¿Qué puedo ofrecerle?
a no ser una mañana fatigosa
o la promesa de traerle la luna,
mientras llega la canasta de frutas.

Es una bomba de tiempo
                    un milagro,
un león de rara especie
        que vomita la carne.

Me pregunta de dónde nació
                    —a mí—
que miro sus pestañas y pienso
que árbol genealógico es una palmera
    colmada de serpientes.

¿Cómo explicarle que lo aventó una estrella
                        una noche cuajada
para que incendiara los caminos?

SILVIA TOMASA RIVERA

[PASTORCILLA SOY DEL VALLE]

Pastorcilla soy del Valle
y arrullo a mi Niño ahora,
por ver si al pastor divierten
arrullos de una pastora.
    Dormir quiero al bello infante
y puede ser con mis coplas
que yo duerma, y no el Niño,
que así sucede a otras.

    Niño de mi vida,
que afligido estás,
que no es bien que llore
quien consuelos da.
    Chito, se, no haya más,
rorro, duerme, mi alma.

    Que si te ha asustado
el duende malvado
por quien cayó Adán,
no te comerá.
    Chito, se, no haya más,
rorro, duerme, mi alma.

Duerme mi alma,
que al dragón maldito
con el pie bendito
tú le pegarás.
    Chito, se, no haya más,
rorro, duerme, mi alma.

    Si el hombre de barro
que te divertía
se te quebró ya,
tu sabiduría
de la quebrancía
lo remediará.
    Chito, se, no haya más,
rorro, duerme, mi alma.

    Si aquella culebra
afeó tu hechura
con su vil maldad,
con tu hermosura
queda esta pintura
con mayor beldad.
    Chito, se, no haya más,
rorro, duerme, mi alma.

Si el retrato hermoso
con una comida
se pudo manchar,
tu abstinente vida
con gracia cumplida
le vendrá a limpiar.
   Chito, se, no haya más,
rorro, duerme, mi alma.

Anónimo
(siglo XVIII)

CANCIÓN DE CUNA
PARA ADORMECER NIÑOS MUY DESPIERTOS

El pescado grande se come al chiquito
mas banquero grande pare banquerito.

El pescado grande cómese al chiquito
y el marrano grande pare al marranito.

El peral da peras y el nopal da tunas
y por las ventanas de los rascacielos
absorben fortunas
banquerillos magros y gordos banqueros.

El pescado grande se come al pez chico
y al pobre pendejo le devora el rico.

El banquero tiene las nalgas enjutas
de tanto mecerlas en muelle sillón.
Duérmete mi niño... Ahí vienen las putas
a darte la teta o el biberón...

El pescado grande se come al chiquito
mas banquero grande pare banquerito.

Rascacielos negros, rascacielos rojos
por arriba calvos, por abajo cojos…

Duérmete criatura, duérmete y no gruñas
que viene el banquero con sus largas uñas.

Duérmete pequeño y ya no hagas gestos.
Duérmete y reposa cual si fueras sordo
que pronto… un día de estos
los peces chiquitos comerán pez gordo…

RENATO LEDUC

ARRULLO TOJOLABAL

Uayei mi pichito,
que tengo que hacer,
lavar tus pañales,
sentarme a coser,
una camisita
que te has de poner
el día de tu santo
al amanecer.
Dormite, niñito,
dormite, por Dios,
si no viene el brujo,
y te va a comer.

ANÓNIMO

LECCIONES Y CONSEJOS

LECCIÓN DE COSAS

Para Andrea

I

Antes de que cayeras, dulce estrella,
en el amargo pozo de mi sangre,
antes de que descendieras
—leve rosa triunfante—
a ordenar al desierto volverse primavera,
a hacerte lo que eres,
idioma y facultades de pájaro, sonrisa
que es aún el lenguaje
de la alada familia que has dejado
por venir a habitarme...

Antes de las dos sílabas de gracia
que nacen de mis labios al nombrarte
—como nace el poema natural de la rosa
de la oscura alegría de la tierra—,
antes de tus cabellos en mi asombrada mano,
y de tus ojos,
y de la tierna orografía de tu perfil
y el dichoso país de tus mejillas...

Antes, cuando yo era soledad, vasallaje
al pavor de la muerte
y en vez de tu dulzura, edificaba
dentro de mí la isla de un cadáver,
yo te llamaba, hija, yo pedía
que fueras desterrada entre mis brazos
y que tu peso de ave fuera el ancla
de mi ceniza y de mi paso.

Por eso había sobre el mundo
un pequeño jardín que te esperaba,
éste que ves ahora,
éste que tú recorres, hada mínima,
leve coreografía de paloma.

Yo hice este jardín, niñita mía,
para el advenimiento de tus pasos.
Conócelo conmigo.
Quiero que ames la tierra,
sus voces, sus secretos,
su hermosura sumisa
a una partitura inmutable y diversa:
tiempo de flor y tiempo de rocío,
tiempo de los racimos apretados
en diminutas noches de dulzura

y tiempo de la aciaga,
y dispersa visita del granizo.

Todo aquí vive el orden
de un reflexivo gozo.
Todo aquí se levanta como una melodía
que alcanza las regiones aéreas del oído
y vuelve a sus serenas raíces de reposo.
Todo es sobre la tierra
embriaguez luminosa,
legislación de lluvias y de abejas
y reino donde nada conocerá la muerte.

II

Aquél es un durazno. En primavera,
sobre el leve esqueleto
—cuando aún es un fino y aterido dibujo—
se prepara un vestido entre la flor y el vuelo,
definición de luz y ligereza,
metáfora del viento.

Todo el estío hay un trabajo lento
donde estuvo la flor. Sobre su ausencia
no es otra cosa el fruto que un poeta secreto

ordenando su historia de belleza,
su túnica de oro, su azúcar misteriosa
y el homenaje al tacto de su rostro futuro.
Y nadie sabe cómo,
los ojos del otoño le sorprenden
un radiante sistema de astros amarillos
en su elipse de sombra.

La nube que aquí mismo ha detenido
el suceso increíble de su espuma,
ésta que eleva su celeste acorde
sobre el modo siniestro de la espina,
este cegar la vista de hermosura,
es la rosa.

Con qué denuedo asume
los dones transitorios
de su genealogía deslumbrante,
cómo muere y se salva de la muerte,
cómo, frágil navío,
elude el arrecife
del tiempo y extinguida
y otra cada vez, la misma es siempre.

El naranjo, mi niña, tiene un hermoso oficio:
hace soles menores.
Y el clavel, entre sus finos dedos de ceniza,
alza una copa de fuego vivo en la que escancia
el vino volador de su perfume.
Y ésta es la margarita, su archipiélago
de nieve y de silencio, su pequeña
constelación dormida.

Y esta lección de alas en reposo,
esta reunión de atmósferas azules,
este ser todavía
arcangélica prenda de homenaje,
fue alguna vez un aromado oído
junto a la voz del Ángel
y párpado asombrado junto a Aquella
que recibió un vellón del Paraíso.

¿Qué piensa el lirio solo, casi aire,
tras de la leve frente dolorosa?
No lo toques, amor, no, no lo toques.
Su esbelta soledad recuerda y ora.
Por eso en torno suyo se arrodilla el sonido
y el viento amaina su invisible espuma.

Él es más que una flor: azul memoria,
breve espejo del cielo.

Todo esto es la luz, todo el vestido
centelleante del aire.
Pero la hiedra es el claroscuro.
La flor es el dibujo melódico
y la hiedra es la grave,
es la exacta armonía que sube por el muro
su escritura de sombra.
Mira cómo organiza sus profundos acordes,
cómo su oscuro verde acompaña los solos
del color, cómo sigue, lejana y fiel,
los enlazados temas
de un contrapunto que la vista oye.

Una canción que llega. Y reconoces
en ella a tus hermanos voladores.
Es la rapaz orquesta desatada en los aires.
Mira cómo navega
el alto golfo azul y cómo esparce
su arte de inocente preceptiva,
en el viento desgarra
una loca bandera de alegría

y disfruta y propaga
su única lección: la de la dicha.

      Y éste es el cuerpo místico del agua,
el euclidiano dueño de las formas,
geómetra del brillo,
música derramada.
Ésta es el agua, diáfano Proteo,
y no otra cosa que aire que se toca.
Allá, lejos, reunida,
es el inmenso mar resplandeciente
y aquí, bajo tus ojos,
el escondido esposo de la tierra.
Allí abajo persuade a la semilla,
toca su corazón pequeño y duro,
le dice cómo puede escalar las tinieblas
                              [por el tallo
y conocer el mundo por las hojas.
La semilla se ablanda y entreabre,
cede al amor oscuro que la ciñe
y se pone a crecer como en un viaje.
Y así, hija, de este modo sencillo y misterioso,
han nacido los árboles.

III

No lo sabes aún. Sobre mi frente
hay una fecha oscura, hay una hora
de soledad, hay una noche
aguardándome encima de los ojos
y que habrá de devorarme
y abdicaré a la luz y las palabras
renunciaré a la forma en que me adviertes,
a esta carne, hija mía,
que ha construido el árbol de tu sangre
y que fue tu cimiento y tu morada.
Pero quedas tú aquí. Desde tus ojos
me negarás la muerte.
Serás como esa rosa que ahora miras,
ya no yo, pero yo, yo todavía,
y más que yo, alguien remoto y vivo por nosotras,
llegando a nosotras, días a día,
llegando por nosotras, siempre, siempre,
desde el primer peldaño en los tiempos
—inextinguible espiga—
al deslumbrado espacio, a la aventura
embriagada del cuerpo, a la comarca
radiante de la vista, al misterioso
panal de la conciencia.

Ya sabe lo que somos: un momento de luz
para que alguien resucite
y alguien sobreviva.
Somos las criaturas: el suspiro dinástico.
La flor, sede fugaz, madre instantánea
del fruto sin invierno.
Hoy, un nombre de rosa, única y sola.
Y siempre la raíz múltiple y una.

Nunca te diré adiós. Yo no podría,
viéndote, dulce hazaña de rocío,
inscrita en las belleza de las cosas,
despedirme, en la muerte, de mí misma.
Y tú, que ya me llevas en tus ojos,
que me protagonizas ya en tu sangre
y me alzas en el tallo de tus huesos,
no pienses en mi mano destruida.

Búscame aquí, que nunca estaré muerta.
Aquí me encontrarás, donde buscamos
los signos, las palabras
que se le caen a Dios entre la hierba.

MARGARITA MICHELENA

A...

No es mísero el destino de las flores
que despedazó el viento;
mísero es el de aquellas que se agostan
    bajo el frío del cierzo,
    sin oprimir el fruto
    con el ajado pétalo.

No es mísero el destino de la lámpara
    que rota, cae a suelo;
mísero es el de aquellas que alumbrando
    la soledad del templo,
    se extinguen poco a poco
    sobre el altar desierto.

¡Feliz el corazón que llora y canta
    y siente afán y anhelos!
Pobre de aquel que late silencioso
    y es un triste remedo
de la flor que se muere sin abrirse
y el fuego que se extingue sin objeto.

JOSEFA MURILLO

MARIANNE

Después de leer tantas cosas eruditas
estoy cansada, hija,
por no tener los pies más fuertes
y más duro el riñón
para andar los caminos que me faltan.
Perdona este reniego pasajero
al no encontrar mi ubicación precisa,
y pasarme el insomnio acodada en la ventana
cuando la lluvia cae,
pensando en la rabia que muerde
la relación del hombre con el hombre;
ahondando el túnel, cada vez más estrecho,
de esta soledad, en sí, un poco la muerte anticipada.
Qué bueno que naciste con la cabeza en su sitio,
que no se te achica la palabra en el miedo,
que me has visto morir en mí misma cada instante
buscando a Dios, al hombre, al milagro.

Tú sabes que nacimos desnudos, en total desamparo
y no te importa,
ni te sorprende el nudo de sombras que descubres.
Todo se muere a tiempo y se llora a retazos,

has dicho,
sin embargo, es azul de cristal tu mirada
y te amanece fresca el agua del corazón;
quitas fácil el hollín que pone el hombre sobre las cosas,
y entiendes en tu propio dolor al mundo,
porque ya sabes
que sobre los ojos de la tierra
algún día, sin remedio, llueve.

ENRIQUETA OCHOA
1968

[HIJO NI QUE NO ME CONOCIERAS]

Hijo ni que no me conocieras
dicen las manos arreglando el cuello
del abrigo
de mí te acuerdas si para entonces todavía
alguien se acuerda de que las semanas
traían entre los días un día llamado jueves
que nieve no podemos evitarlo
eso sí te lo digo
pero yo puedo hacer que ya no llueva
yo puedo hacer hijo no me conoces
que en los mapas no haya la palabra parís
y
no me mires
que allá tan lejos y nomás a sufrir
no te me vayas

RICARDO YÁÑEZ

ESCENAS Y TESTIMONIOS

[CUÁNTA PLACENTERA RUINA...]

Cuánta placentera ruina por predecir:

Mugir de vacas, el grito altisonante de la tarde
contada por cualquier guacamaya. El paso
de los burros cargando las mazorcas. La prenda
que la muchacha lava, pudorosa, a la orilla del río.
El joven que ya ajusta su ropa, mirando de reojo
el triunfo de la sangre.

Sobre el puente colgante de Teocelo
una niña se asoma.

MALVA FLORES

CRIATURAS PARA LA RECIÉN CASADA

A Milenka

LA HIGUERA

Está desde siempre. Antes que la casa fuese siquiera un pensamiento. Ha crecido desmadejada y aérea, nutriéndose de linfas subterráneas. Como una madre vegetal, una madre joven, sibilina, fecunda, ampara el gorjeo sexual de los gorriones en un rincón del patio y atestigua los encuentros de la señora y los gatos. Por la noche es un manchón de ceniza contra la barda y sus frutos carbones que se encienden por dentro. (Los niños trozan con los dientes el fruto que les muestra su entraña rosácea, húmeda, y giran en torno al tronco mientras meten sus lenguas en la pulpa desgarrada.) Por la mañana la higuera se baña con el sol de tu deseo.

JORGE ESQUINCA

[GUARDIANA DEL ÁNGEL DE LA ESTUFA]

Guardiana del ángel de la estufa
velas, opaca en tu cocina;
maligna de platos y sartenes
y de áridas manos encontrándose;
comida de tu comida pobre
golpe a golpe y golpe amordazada.

¿Dónde se calienta el sol entonces
dentro de ti? ¿Qué playas negras
de montañas en ti viciosas
relumbran? ¿Qué luna los zapatos
bajo tus pies descalzos? ¿Cuáles
tigres azorados perseguías?

Hambre abolida de caerse
junto a la llama; viejo túnel,
malignidad, sed abolida.
Y das el trapo, y el quemado
aceite, y la sierpe, y el mordido
fracaso insidioso de la casa.

RUBÉN BONIFAZ NUÑO

UN AMA DE CASA

palpa el aguacate delicadamente
como se toca el vientre para sentir
    los movimientos de su hijo
cáscara negra y rugosa, guarda dentro una pulpa
                                    [verde
que producirá un delicioso gusto en el paladar
escoge las cebollas, los tomates, un diente de ajo
yerbas con las que practicará
la hechicería de los alimentos
—la asiste la sal, con ciega obediencia

pasa después a las mesas de granito
donde los peces yacen
—los ojos abiertos—
sobre un lecho de palmas y de hielo
acorde a su realeza

la cautivan los olores, distingue perfectamente
los pulpos y las sierras
es una forma de la felicidad
que a veces ella misma ignora
recorre los pasillos del mercado

perdida entre otros demiurgos
en ocasiones hasta aburrida
dándole oportunidad al caos

RAFAEL VARGAS

LA HORA

A la hora del colibrí,
que a las flores musita adagios contra la gravedad,
mi madre cose un vestido blanco
para la Noche de Año Nuevo.
Al tiempo de su labor,
trae voces amarillentas, rostros arrinconados
                              polvosas ramas de la sangre

Ocurre.

En sus palabras, en las cortinas, los muebles,
                              avanza la ira.

A paso de cuchillo. A paso de fuego.

A la hora del ciempiés,
que cruza el puente de la tarde,
mi madre arroja el doble filo de su corazón
                              a la nuca del incendio.

A la hora del murciélago,
que hilvana giros en el amate,
mi madre termina el vestido.
Hay silencio en sus ojos,
y la casa

               —lo que de ella queda—
                  l e n t a m e n t e
               se alza de los rescoldos.

ÓSCAR CORTÉS TAPIA

INUNDACIÓN
4º
EN LOS BOHÍOS

Cesa el trabajo, la herramienta se halla
Sumida en hondo abrumador sosiego,
Y entre amarguras de inquietud, estalla
En vez de cantos, religioso ruego.

El pan se agota y agoniza el fuego;
Con la miseria el regocijo calla,
Mientras las ondas, con impulso ciego,
Siguen tendiendo por doquier su malla.

Ante ese cuadro de mortal quebranto,
Se alzan conjuros de piedad, prolijos,
Y al descorrerse de la noche el manto

La dulce madre, con los ojos fijos
Al cielo, arranca a su dolor un canto
Para arrullar a sus hambrientos hijos.

BENITO FENTANES
Julio, 1901

LA SUEGRA Y LA NUERA

Suegra: —M'hijo se casó,
ya tiene mujer,
mañana veremos
lo que sabe hacer.

Levántate, mi alma,
como es de costumbre,
lavar tu bracero
y poner la lumbre.

Nuera: —Yo no me casé
para trabajar,
si en mi casa tengo
criados que mandar.

Suegra: —¡Demonio de nuera!
¿pues qué sabe hacer?
Coja usted la escoba,
póngase a barrer.

¡Demonio de vieja!
¿por qué me regaña?

El diablo se pare en
sus sucias marañas.

Suegra: —¡Demonio de nuera!
¿pues qué sabe hacer?
Coja usted la aguja,
póngase a coser.

Nuera: —¡Demonio de vieja!
¿por qué me maldice?
El diablo se pare en
sus sucias narices.

Suegra: —Yo quise a mi nuera,
la quise y la adoro,
por verla sentada en
las llaves de un toro.

Nuera: —Yo quise a mi suegra,
la quise y la quiero,
por verla sentada en
un hormiguero.

Suegra: —Ay, ay, ay, ay, ay,
que me haces llorar,
con los malos ratos
que me haces pasar.

Nuera: —Ay, ay, ay, ay, ay,
que me hacen llorar,
las ingratitudes
que me hacen pasar.

Suegra: —¡Ay, hijo de mi alma,
mira a tu mujer!
Llévala al infierno,
no la puedo ver.

Hijo: —¡Ay, madre del alma,
cállese por Dios!
Que yo ya me canso
de oír a las dos.

ANÓNIMO

Una madre (por ciento, política)
resumió en esta arenga su crítica
de la crisis acerba, vandálica:
«¿De qué sirves reserva metálica?
¡Cómo vamos —¡la duda me abrasa!—
a esperar del gobierno la masa
si anda escasa con él la masa encefálica?»

SALVADOR NOVO

LA MÁQUINA DE LA TÍA LUCHA
(SOBRE UNA OBRA DE JOSÉ LUIS CALZADA)

Todo hombre está sujeto por botones. Las mujeres los desprenden de la ropa que no sirve. Botones que antaño sostuvieron crucialmente los abuelos, ciñen a sus nietos en la vida, sosteniéndolos ante la adversidad. La cremallera es sólo un artificio que no supera el tránsito a través de los ojales. En mi casa preferimos los de hueso, como joyas familiares desde siempre. Dependemos del poder de los botones, de la vespertina habilidad de las abuelas que ya depura mi hija.

GENARO HUACAL

[TRAS LAS PERSIANAS]

Tras las persianas
recargada en el mimbre roto de una silla
se asoma una mujer.
Ve la calle sin asombro
recuerda a su abuela
teme la epidemia de un destino familiar.
Una niña llora a su lado.
La calma al poner sus ojos
en los ojos oscuros de la niña.
Apaga las luces.
Se interna en las sábanas y espera
con la misma obstinación
transformar el esqueleto
que rompe el equilibrio.

MYRIAM MOSCONA

[EN ESTE CAMPO VIVIMOS MUJERES Y NIÑOS]

En este campo vivimos mujeres y niños.
Nosotras recogemos el café
y ellos acarrean agua de la noria
para hervir el maíz.
Los hombres se fueron hace tiempo;
unos a la frontera,
a otros se los llevaron para interrogarlos.

A su regreso ya no andaban a gusto.
A veces les escribimos.
La cosecha no es grande:
pero en este campo tenemos
café y maíz.

SILVIA TOMASA RIVERA

KINSEY REPORT

—¿Si soy casada? Sí. Esto quiere decir
que se levantó un acta en alguna oficina
y se volvió amarilla con el tiempo
y que hubo ceremonia en una iglesia
con padrinos y todo. Y el banquete
y la semana entera en Acapulco.

No, ya no puedo usar mi vestido de boda.
He subido de peso con los hijos,
con las preocupaciones. Ya usted ve, no faltan.

Con frecuencia, que puedo predecir,
mi marido hace uso de sus derechos o,
como el gusta llamarlo, paga el débito
conyugal. Y me da la espalda. Y ronca.

Yo me resisto siempre. Por decoro.
Pero, siempre también, cedo. Por obediencia.

No, no me gusta nada.
De cualquier modo no debería gustarme
porque yo soy decente ¡y él es tan material!

Además, me preocupa otro embarazo.
Y esos jadeos fuertes y el chirrido
de los resortes de la cama pueden
despertar a los niños que no duermen después
hasta la madrugada.

ROSARIO CASTELLANOS

QUE AHORITA VUELVE

Te hace una señal con la cabeza
desde esa niebla de luz. Sonríe.
Que sí, que ahorita vuelve.
Miras sus gestos, su lejanía,
pero no lo escuchas, Polvo
de niebla es la arena.
Polvo ficticio el mar.
Desde más lejos, frente a ese brillo
que lo corta te mira,
te hace señas. Que sí, que ahorita vuelve.
Que ahorita vuelve.

CORAL BRACHO

DECLARACIONES DE LAS HIJAS

¿Por qué de pronto me atrapa así la
conciencia y me
retuerce la ternura y me duele mi madre?
Me pregunto
hasta dónde, hasta qué célula recóndita
ella está en mí, en
mis miedos y fortalezas. Y me duele ese
silencio, esa
venda, esa torpeza. Su sencillez al trazar
un diseño y
comprar un tubo de pintura. A veces
quiero poner
distancia. ¿Pero cuáles distancias?
¿Las de las casas? ¿La del
teléfono o sólo la que ha existido siempre?
Y sin embargo,
amor, he visto salir por su boca un
fantasma que me
aterra. De pronto me lo digo y me lo
repito mientras
conduzco por el eje vial. La vejez, algo que
puede parecer

tan panfletario o endemoniadamente
cursi y no, me
golpea. Hoy, que casi puedo tener la
lucidez entre los
dedos, he aquí, se une a ti la contrapartida
con ligadura
tenue. Cuando las arrugas se han instalado
más allá de la
piel. Amor, tenemos poco tiempo para amar.
Los hijos
somos árboles que dan sombra pero nunca fruto.
Uno se la
pasa regateando tiempo. ¿Y cuánto nos
queda para amar?

KYRA GALVÁN

UNA MUCHACHA SOLA EN EL MUELLE

Una muchacha sola en el muelle
El calor es muy intenso. La luz es blanca, lastima
Es tan violenta esta luz, que la desnuda, la despoja
La luz es interminable. Tiene que cerrar los ojos
El niño se suelta de su mano
Ella está allí por primera vez y para siempre
La luz queda vacía. Desciendo
A través de persianas cerradas música que nunca
    he escuchado
Desciendo
Vendedores con frutas desconocidas
Desciendo
Despacio interminable descenso
Otra vez la misma escena. La mujer en el muelle.
    Deslumbrada
El niño corretea en el malecón. El marido va por delante
En lo adentro para siempre la añoranza. Más allá
del mar la otra orilla de la nostalgia. Fui injusta con
mi madre y después de todo ¿qué hice yo con mi vida?
Desciendo

GLORIA GERVITZ

[LLUEVE EN EL ALIENTO DE LAS ALBAS...]

Llueve en el aliento de las albas, en el país donde la bestia vaga como una sombra humana.

Pienso en la vocales para la ascensión de la luz.

Escucho el oficio de un insecto bajo las hojas del invierno.

Miro los ojos de mi madre en el vuelo de los pájaros.

Ha muerto con el crepúsculo en su corazón.

MARÍA BARANDA

NO SOY

renuncio a la visión que tienen de mí
no soy un hombre
nada del terror con el que siembran las ciudades
declino su convite
no torturé santos ni quemé brujas
no perseguí místicas
y con pena digo: no inventé la música

mía no es la moneda ni las fronteras que han impuesto
no son míos los fusiles   mío no es el canto
la mujer no era impura
nadie era impuro   nadie es
ustedes lo han revuelto todo
como un caldo al que no encontraban qué añadirle
y resultó un caldo batido   putrefacto

no son mías las guerras santas
ni dios beligerante soy
no me cubran con ese manto tan pesado

me refugio en las palabras ya olvidadas
allí yazgo antes de borrarme   a punto estoy

me desvisto de mí
ese vestido duele
estoy ante la palabra
allí vuelvo
me confieso
pido mi recibimiento
me refugió en su frío vientre

CLAUDIA LUNA FUENTES

DESTEJERÉ EL TIEMPO

Destejeré
el tiempo, madre,
bajo el capulín.

Te contaré
cómo nació
la sirena de la laguna.

Te enseñaré
las heridas
que me dejó
mi padre
aquí en la piel
dormida.

Me sentaré
a recordar
las ciruelas, gotas,
los huamúchiles,
alimento de los humildes.

Madre,
te narraré,
te cantaré
la vida de Rosalía,
la madre
que encontré
ahí junto a Dios
un día tejiendo
su vida
con
la mía.

AIMEE ALEJANDRA SOLANO ESCAMILLA

ACCIÓN DE GRACIAS

Antes de irme —igual en cortesía
al huésped que se marcha—
quisiera agradecer a quien se debe
tantas hermosas cosas que he tenido.

Muchas veces la tierra me ofreció su mejilla
de durazno maduro;
muchas veces el aire se revistió de música,
muchas veces las nubes, las nubes, sí, las nubes...

Pero yo no amé nada tanto como amé al fuego.
Allí encuentro la mano del hombre inmemorial
terco en su oposición a la intemperie;
allí la voluntad de la tribu, de darle
calor al peregrino
que se acerca a deshora buscando pan, compaña
y la conversación
en que tantas palabras se desposan.

Más que Nausícaa o que Raquel, halladas
en playas o en brocales,
yo fui como Penélope

mujer que se recata en gineceo.
Se deleitó mi olfato del aroma doméstico:
el de la ropa húmeda
cuando sopla el vapor bajo la plancha ardiente.
Ah, limpieza del vaho
que has absuelto la casa de la culpa
de ser casa para unos
nada más y no casa para todos.

Ay, aire bautizado por los nombres más próximos:
hijo Pablo, Gabriel hijo, Ricardos
—el padre, el primogénito—,
¿y por qué no invocar también la planchadora
que se llama Constancia?

Los pucheros borbollan
sustanciosos de res sacrificada,
de hortaliza escogida, de corral abundante.
Y pasan a la mesa, interrumpiendo
la charla baladí o la palabra áspera.
Bajo su especie humilde comulgamos
y el señor distribuye las raciones
con equidad y juicio.

Mi madre repetía:
la paciencia es metal que resplandece.

Y yo recuerdo mientras pulo el cobre
del utensilio siempre requerido.
Y yo recuerdo mientras la franela
le devuelve su brillo original.
Y yo recuerdo mientras
empuño el paño grueso y resistente.

Mi madre repetía… Ha muerto ya. Sus manos
se cruzaron después de acabar la faena.
Dejó su casa en orden
como para la ausencia verdadera.

Yo no quiero apartarme de su ejemplo.
Ay, aunque —a veces— tienta el arrebato
de comer fruta verde,
de entregarse a la muerte prematura
gritando «no me importa» a los que quedan.

Pero resisto, sí, y amanecemos
hasta que el tiempo advenga.

Mas cada noche yazgo en el lecho que ha sido
de amor, de parto, de desvelo triste
o de reposo bien ganado, y rezo:
si esta noche es la noche postrera, si esta sábana
ha de ser mi mortaja,
dejadme que me envuelva bien en ella
como en esa caricia total que únicamente
otorga el mar al náufrago.

¡Está tan hecha a mi tela! Me conoce
como yo la conozco.
Mi forma y su textura son amigas
y entre sí se completan.
¿Quién teme así? Yo iré a donde se va
confiada a la última benevolencia.

ROSARIO CASTELLANOS

DECLARACIONES DE LOS HIJOS

STABAT MATER
(FRAGMENTO)

Madre, madre,
vengo de ti y me dirijo a ti,
manto coloquial del universo,
como si fueras la tumba de mi tumba,
como si fueras nada más que su secreto,
y el hijo que bajaba de la cruz
se te entregará: huérfano,
toca el cuerpo del mundo en tanto muerto,
las palabras están muertas en tu cuerpo,
en tus ojos no hay mundo,
sólo hay ojos de ojos de tu hijo muerto,
madre, madre, ni siquiera tu vientre se vislumbra:
para que mueran dios y tu hijo en sólo un cuerpo
tiene que morir hasta el futuro,
tienen que morir hasta tu vientre.

Al pie de la cruz,
su cuerpo no es un cuerpo muerto,
ni siquiera es la muere de la muerte,
al pie de la cruz,
tu hijo es la mirada cerrada de la ola,
es el número ciego frente al tiempo,

es el miedo del dos a que el hecho se repita.

No te miro más, te dejo en el regazo, entre mis mansos,
verdugo que vives, verdugo que pide perdón,
que se va contigo como si fuera la piel de esta palabra.

JORGE AGUILAR MORA

LIBRO DE HUHUETÁN

(Bajo una ceiba)

1. Éste es el principio de nuestras sentencias
     y la declaración de nuestros protectores

16. Forastero, siente el grito de las codornices
     que el alcaraván canta de lejos

25. Cuídate de las hilanderas de El Salvador:
     tú nuca sabrás de quiénes son los hilos
   que ellas tienen entre sus dedos

JUAN BAÑUELOS

ME VOY

Me voy, mamá,
me llaman del servicio militar obligatorio,
me cambian de trabajo a un barco petrolero de Houston
me destinan a las misiones de Angola.
Me voy, mamá,
la frase que guillotina la voz
y produce cataratas en los ojos.

El nido es engañoso regazo y trampolín seguro,
retiene para expulsar
igual que el útero, efímero portaaviones.
Me voy mamá.

No otra vez viviré contigo,
«lo actual es actual no más por un momento»
—así es, mi señor Thomas S. Eliot—.
Pasé feliz treinta años a tu lado: un hermoso día,
pobres de pan y ricos en amores.
No hay madre que supiera más que tú
que el hijo propio era, desde antes de nacer,
ajeno.
Me voy, mamá,
¿a dónde?

a sembrar una astilla que se convierta en cruz,
nadie me quita la vida, yo la doy porque quiero.
No sabría dejarte mi domicilio
puedes hallarme en una barca del lago,
entre olores de enfermos, solitario en el cerro,
por los trigales heridos de amapolas,
recostado en una piedra o en una cruz.

Me voy, mamá,
  me llevo de recuerdo
las gotas saladas de tu llanto
para mezclarlas al mar-rojo de mi sangre.

JOAQUÍN ANTONIO PEÑALOSA

Las muñecas rusas, «matrushkas», intenta, al destaparse, reproducir la capa anterior. Sin embargo, a medida que cada capa aparece las notamos más burdas y el detalle se pierde en su afán de repetición. Si continuáramos más a fondo, terminaríamos por tener entre los dedos un trozo de madera con la forma de una semilla, casi un trozo de madera pura. Una forma conjetural, inadmisible para las madres.

LUIS CORTÉS BARGALLÓ

HOJAS SECAS

Las lágrimas del niño
la madre las enjuga,
las lágrimas del hombre
las seca la mujer...
¡Qué tristes las que brotan
y bajan por la arruga
del hombre que está solo,
del hijo que está ausente
del ser abandonado
que llora y que no siente
ni el beso de la cuna
ni el beso del placer!

MANUEL ACUÑA

MADRE MÍA
(CANCIÓN MESTIZA)

Madre mía, cuando me muera
entiérrame en tu hogar
y al hacer las tortillas
podrás por mi llorar,
pues si alguien te pregunta:
«Señora, ¿por qué lloras?»,
dirás: La leñas es verde
hace humo, hace llorar.

Anónimo

LA PAREJA, RECUERDOS Y FOTOGRAFÍAS

Amanece.

En la oscuridad, corriendo entre el tapanco y el tejado, me despierta un murmullo; es la voz de mis padres que conversan en un cuarto vecino.

(¿Desde hace cuánto tengo memoria de este vago sonido familiar?)

Hablan. Nunca entiendo sino palabras sueltas. Pero sé que es la hora de la comunión y la armonía.

Sé que platican sobre los incidentes cotidianos de la casa o del rancho; que reflexionan, serios, sobre sus hijos que ahora tienen hijos; sobre la vida del pueblo, más grande cada vez y menos íntimo, menos personal.

Cuando la mañana entre mi padre gritará. Llegará hasta el insulto repitiendo instrucciones interminables sobre pequeños detalles interminables: al vaquero que trajo la leche del rancho, a los trabajadores que despulpan café, a Tío Rodrigo que anoche tomó trago, al nieto en vacaciones que se levantó tarde.

Mi madre, entonces, establecerá un oscuro contra punto con quien esté a su lado. O con nadie: da igual. Lo que importa es tener la casa bien despierta, llena de voces que resalten sobre el coro confuso de gallinas y gatos, perros y guajolotes; y pájaros que mezclan su trino con el agua que suena en el estanque interminablemente.

Mientras llega esa hora erizada de gritos, los dos conversan en la oscuridad. Con su voces construyen una melodía extraña, una atmósfera tibia que nos envuelve a todos en la ceniza de los sueños nocturnos, y en el primer fuego dulce de la mañana.

EFRAÍN BARTOLOMÉ

[MIRO EN MIS MANOS LAS MANOS DE MIS PADRES]

miro en mis manos las manos de mis padres
sus paseos por parques desaparecidos
los soles de sus deseos en la ciudad
la proximidad de su bocas abrazados en el sueño
ahí los encuentro con frecuencia
bromean en la cocina o conversan en la mesa
las manos entrelazadas al lado de un plato
sobre un sendero de azúcar, sal y migas
miro en esas manos el nacimiento de mis días
mis pasos en la arena y el primer encuentro con el mar
ahora acaban de comer y el vino aún impregna sus salivas
¿y su cama, ese objeto sagrado, a dónde ha ido?
los muros volaron y la casa ha quedado en sombras
sólo queda un árbol
el eco en el viento de una falda al caer
la hierba se agita
¡qué lejos arrastra todo la rueda de los años!
pero los sueños permanecen
miro en mis manos la caricia
con que mi hija en su turno erizará la piel del mundo

RAFAEL VARGAS

PARA SOBRELLEVAR EL DESCONSUELO

El sol sale cuando mi madre despierta y los pájaros terminan de soñar cuando dicen tres avesmarías y una oración que sirve para sobrellevar el desconsuelo.

Baja del catre cubierta por un camisón de popelina y se dirige al pozo que está en lo profundo del patio.

Recoge su larga cabellera negra, la sujeta con una cinta, se sumerge hasta el cuello en la frescura y canta siempre la misma canción.

Después del baño se hace una corona de jazmines, fríe plátanos para el desayuno, sacude el esqueleto de mi padre, dibuja las ramas del chicozapote, pega botones y sube al tejado para evitar que el norte desprenda las floraciones de los mangos.

Cansada de estos trajines se acuesta en la hamaca, deja resbalar su cabellera por la espalda y se hace de noche.

FRANCISCO HERNÁNDEZ

CALIGRAFÍAS

En este papel, hoy viernes,
escribo estas líneas con mi mano
y me parece que las traza la mano de mi padre:
no por su espíritu, por su caligrafía.

Antes estas apariciones me daban miedo;
si descubría su letra me detenía asustado;
ahora vuelvo de su letra a la mía
y guardo estos manuscritos:
en sus trazos está él incorporándome
a sus paseos y a sus lecturas,
a su elegancia y a sus fracasos,
a su exilio y a su guerra civil.

La caligrafía de mi madre, en cambio, se inclina
como un patinador de velocidad en el hielo
y surge de la mía como esos gestos
que en el rostro o en la mano de un niño
nos hacen vivir la juventud de sus abuelos.

La caligrafía de mi madre ama la rapidez, la eficacia
y el relámpago de la zarpa que sorprende a su presa,

en ella no está su ternura sino el traje sastre
y los tacones bajos de una muchacha epigramática
de los años treinta.

ANTONIO DELTORO

LANA TURNER

Señora Lara Turner,
ayer que quise quedarme en casa toda la tarde
vi su película monstruosa y no puedo descansar del
     alma desde entonces.
Es usted idéntica a mi madre. O yo soy idéntico a mi
     madre.
O ese mundo tiene una identidad patética con ella.
Su olor me llegó de nuevo
como si otra vez fuera yo chico y quisiera entrar al baño
y ella me rechazara con un descolón mientras se bajaba
     la falda torpe
para que no le viera yo quién sabe qué que olía a eso
que usted me recordó.
Le agradezco muchísimo el maquillaje de sus cejas. Y su
     escena de la muerte.
Es usted magistral,
miente a gritos y aun mintiendo pone en entredicho mi
     alma
más que todas las verdades que abundan por ahí; se lo
     agradezco.
¿Había una orquídea en una cajita con tapadera
     transparente?

¿Había una falda drapedad?
¿Era el imperio de las fajas lo que puso el cerco a mi
     imaginación?

Estoy seguro de que alguna vez usted me quiso,
que a través de la pantalla me sintió fijo, atento,
     suspendido,
y como en la historia usted quería un hijo y no lo
     hallaba
qué fácil le hubiera sido quererme a mí.

Le doy las más expresivas gracias por todo lo que hizo
—el sacrificio, la entrega, la pasión, la fidelidad—
que aunque no hubieran estado en ese guión inverosímil,
     usted
los supo dar con tal maestría que si no se hubiera muerto
yo no me abrazaría a usted para llorar y llorar
y llorar
hasta mi propia muerte.

ALEJANDRO AURA

RÍO

IX

Mamá sentada a su Singer

               (prieta cigarra que aserraba

un bosque entero)

               mirando alzarse en espumosa espiral

largas tiras que ornaban

           de encaje

               los lienzos de una infancia

olorosa a lejía

       y azul añil

            de pasamanería rizada por la brisa

Y el mar abierto en lontananza

               donde iba a prenderse

como en un mástil solitario

          la *r* de una gaviota.

Con una de sus manos,

            junto al repiqueteo de la aguja

(correlimos que fija

        un pespunte de almejas

            al recogerse la marea),

lleva por buen camino sus hilvanes

                              hasta el remate exacto

antes de presentarse

                   la siguiente oleada.

Esta camisa

          y el mameluco de cabezadeindio

(de cuyos verdes o azules tirantes

                        hala ahora el recuerdo)

el vestido de holanes de mi hermana

                          su blanca crinolina;

toda esa ropa

          ha surtido con creces los ganchos de madera

del ropero

         por obra y gracia

                  del sonsonete

                       de su pedaleo intenso.

En cierta temporada

               sin embargo

                     la Singer detenía su trajín

y al largo de una noche

               mamá y tía Felipa

batían el nixtamal

pelaban el frijol más tierno
                              (cosechado en su vaina)
guisaban calabazas
                y camarones secos
y preparaban en rodajas
                    el cuahuayote.
                          Tocaba la VICTrola del perrito
un huapango tras otro
                      hasta altas horas de la noche
Todos Santos:
            un niño ve a su madre
                              batir el nixtamal
moler en el metate
              el chile rojo
                        y advierte por primera vez
la bombilla ambarina
              que tomó (con la llegada de la luz eléctrica
y su legión de postes
                    barnizados de chapo)
                              el lugar del quinqué
del candil ahumado
                del velón
          y algunos otros renegridos amigos del petróleo
cárdeno.

Papalotas aletean
              en un ciego circuito
hasta que acabo
                 durmiendo como un bendito
afelpado
        en negro terciopelo
                          que me envuelve
con su cordel
            como un trompo
                         que se apronta
                                      para su nueva zumba.

JOSÉ LUIS RIVAS

RETRATO OVAL

se sentaba en el patio
a descifrar mensajes y el viento de abril
¡cómo tarda el verano…! murmuraba entre dientes

de pronto
se quedaba dormida bajos el sol
como una Piedad con su chal descolorido y roto
y el anillo de bodas en sus dedos provenzales

uno se preguntaba
cuánto dolor y cuánto beso podían caber en un corazón
                                              [tan estrujado
y una sombra luminosa empezaba a cubrir ese modesto
                                              [reino
que formaban sus 6 hijos su marido y su único sueño

GASPAR AGUILERA DÍAZ

FOTOGRAFÍA DE MI MADRE

En el antebrazo un bolso
de la mano mi hermana de 5 años
un tiempo que se borra
como una ciudad en la neblina
en la otra mano una revista de moda
que deshoja el aire.

Mi madre tenía la seguridad de un guía
cruzando la ciudad a fines los 60's
así trazó la ruta de cada uno de sus hijos.

Ella cuelga conchas en el portal cada verano
para que suenen gotas del océano
hasta la primavera; conchas y hojas
que se alternan noche y día.

De sus siete partos que vinieron otoño con otoño
cada vez con menos dolor,
Ya nada puede herirla

sólo la ausencia.

Víctor Hugo Limón

LA MUJER DE MI PADRE

La mujer de mi padre, tantos años soñada,
deseada ansiosamente. Anhelada mujer,
aspiración de un hombre de ojos agudos, claros,
horizonte de azules y sinceros parajes.
La mujer de mi padre, en la hora serena
le devuelve la vida a su esposo en los sueños,
habla con él un poco y se divierten juntos
cuando cierran los ojos en una nueva alcoba
y mi padre de nuevo la desea. La desea
como siempre lo hizo en su anhelo logrado,
cuando por vez primera la miró caminar
joven y hermosa, plena, hacia él, absorto.
Porque mi padre sueña con su mujer de nuevo
y mi madre, que es ella la mujer de mi padre,
sueña con él también, cuando bailaban juntos
y un reloj a su espalda ya marcaba las cuatro
de alguna madrugada que bailaba golosa
llena de vida, amándolos. La mujer de mi padre
sonríe mientras duerme porque está con su esposo.
Nadie los interrumpa. Vamos despacio, hermanos,
salgamos silenciosos de su alcoba ensoñada.
Ningún reloj apura su danza interminable.

Eduardo Langagne

OTROS ALUMBRAMIENTOS

MADRE NATURALEZA

Madre, madre, cansado y soñoliento
quiero pronto volver a tu regazo,
besar tu seno, respirar tu aliento
y sentir la indolencia de tu abrazo.

Tú no cambias, ni mudas, ni envejeces;
en ti se encuentra la virtud perdida,
y tentadora y joven apareces
en las grandes tristezas de las vida.

Con ansia inmensa que mi ser consume
quiero apoyar las sienes en tu lecho,
tal como el niño que la nieve entume
busca el calor de su mullido lecho.

¡Aire, más luz! ¡Una planicie verde
y un horizonte azul que la limite,
sombra para llorar cuando recuerde,
cielo para creer cuando medite!

Abre, por fin, hospedadora muda,
tus vastas y tranquilas soledades,
y deja que mi espíritu sacuda
el tedio abrumador de las ciudades.

No más continuo batallar; ya brota
sangre humeante de mi abierta herida,
y quedo inerme, con la espada rtoa,
en la terrible lucha por la vida.

Acude, madre, y antes que perezca
y bajo el peso del dolor sucumba,
abre tus senos y que el musgo crezca
sobre la humilde tierra de mi tumba.

Manuel Gutiérrez Nájera

IX

La madrugada es fría.
Temblando bajo las cobijas
busco la tibieza
de mis sueños conocidos.
La luna palpita
en contracciones de parto.
Debo asistir: van a estallar
sus pétalos blancos,
como gritos.

Un pequeño bulto
se adhiere a mi pezón
y lo succiona.
Ella es el manantial,
ojo de leche.
Me duele el pecho,
quisiera huir,
pero una aguja clavada
a media frente

me tiene dócil, pasmada, quieta,
amamantando a su criatura.

Abro los párpados, descubro
que es la luna,
mirándome con hipnótica fijeza,
con su ojo de cíclope
y serpiente.
Me levanto
y cierro las cortinas.

CARMEN LEÑERO

VÍTOSHA
RÍO DE PIEDRAS

A Jaime Sabines

Hace millones de años
estuve allí,
cuando la montaña erguía su placidez
estuve allí,
cuando en su vientre se gestaba un gigante
estuve allí,
cuando se iniciaron los furores de su parto,
y el cráter, como una pelvis dilatada volcó su cauce,
estuve allí.
Sentí la fortaleza en el dolor
y el placer inmenso
al tiempo que bullía la cauda de piedras.
Desde hace siglos
brotan de nuestros ojos de madre
vertientes de agua fresca y rumorosa
que pulen las piedras inmensas.

Vítosha
—río de piedras permanentemente detenido—
testigo del paso del gigante.

Vítosha: testigo geológico, montaña a cuyas faldas
está la ciudad de Sofía, Bulgaria.

ELVA MACÍAS

CAZA MAYOR

V

La tigra sólo alumbra, cada dos años,
una alegre camada de tres o cuatro crías.
A veces las destruye a casi todas:
comparte con el tigre las carnes entrañables
de esos vástagos rubios, solares y graciosos
que pronto serían rudos comensales,
voraces compañeros
en la inconstante mesa selvática.
La tigra sabe
—su lógica está hecha de sangre, no de olfato—,
que todo se ha perdido para su dinastía.
Un cachorro, muy pocos sobreviven
al filicidio aséptico, ritual,
casi quirúrgico y casi gastronómico
para ser testigos, dejar rastro,
estar ahí cuando se cumpla la condena.

EDUARDO LIZALDE

MATRÍA PÍA
(FRAGMENTO)

[...]

Madre de las estrellas y la aurora,
reina de las hormigas, protectora
del copioso maíz, Nuestra Sñora
a quien todo un pueblo ávido enamora:

escúchame, piadosa, oye mi ruego,
recibe este haz de versos que te entrego,
alcázar estelar, torre de fuego,
brasero de copal, ramo de espliego.

Cerco del agua franca, cordillera
crucial; arcilla, jade, luz, palmera,
ciudadela del sol, peña aguilera
(y serpiente enroscada entre la higuera);

copa color de sal, clara vislumbre,
jardín lunar, pirámide, techumbre,
palomar cristalino, solio, cumbre,
escriño mineral, rosa de lumbre;

llano de pedernal, bastión de nubes,
trono del aire, manantial de nubes,
regazo de la bruma, arca de nubes,
madre de los volcanes, flor de nubes;

papaya tropical, roja manzana,
naranja abierta al sol de la mañana,
guayaba del amor, tuna temprana,
uva dulce, guanábana lozana.

Todo lo ciñes tú, todo lo imantas,
hombres y astros y pájaros y plantas,
la tierra, el agua, las semillas —santas,
el idioma y el alma, que abrillantas.

Que sean llenos de gracia leve, ¡Ave!,
los frutos de tu vientre, Matria suave,
y que esté yo a tu lado, y que la clave
de tu dicha se afine, y que no acabe.

Francisco Serrano

EPÍLOGO INDISPENSABLE

PRÓLOGO INDISPENSABLE

CEREZAS

esa mujer que ahora mismito se parece a santa teresa
en el revés de un éxtasis/hace dos o tres besos fue
mar absorto en el colibrí que vuela por su ojo izquierdo
cuando le dan de amar/

y un beso antes todavía/
pisaba el mundo corrigiendo la noche
con un pretexto cualquiera/en realidad es una nube
a caballo de una mujer/un corazón

que avanza cuando tocan
el himno nacional y ella
rezonga como un bandoneón mojado hasta los huesos
por la llovizna nacional/

esa mujer pide limosna en un crepúsculo de ollas
que lava con furor/con sangre/con olvido/
encenderla es como poner en la vitrola un disco de gardel/
caen calles de fuego de su barrio irrompible

y una mujer y un hombre que caminan atados
al delantal de penas con que se pone a lavar/

igual que mi madre lavando pisos cada día/
para que el día tenga una perla en los pies/

es una perla de rocío/
mamá se levantaba con los ojos llenos de rocío/
le crecían cerezas en los ojos y cada noche los besaba el
    rocío/
en la mitad de la noche me despertaba el ruido de sus
    cerezas creciendo/

el olor de sus ojos me abrigaba en la pieza/
siempre le vi ramitas verdes en las manos con que
    fregaba el día/
limpiaba suciedades del mundo/
lavaba el piso del sur/

volviendo a esa mujer/en sus hojas más altas se posan
los horizontes que miré mañana/
los pajaritos que volarán ayer/
yo mismo con su nombre en mis labios/

JUAN GELMAN

ANEXOS

Fichas biobibliográficas

Manuel Acuña (Saltillo, Coahuila, 1849-Ciudad de México, 1873). Cursó estudios de Filosofía, latín y francés en el Colegio de San Ildefonso; en 1868 ingresó a la Escuela de Medicina. Fue colaborador en periódicos de la época y de la revista *El Renacimiento.* Sus poemas fueron recopilados póstumamente, después de su suicidio. Con motivo del centenario de su nacimiento, José Luis Martínez publicó sus *Obras,* mismas que fueron reeditadas en el 2000 por el mismo estudioso.

Jorge Aguilar Mora (Chihuahua, Chihuhua, 1946). Ensayista, narrador y poeta. Estudió Lengua y Literaturas Hispánicas en la UNAM y el doctorado en El Colegio de México. Profesor en la UNAM, en El Colegio de México, en Puerto Rico y Estados Unidos. Colaborador de *Diálogos, La Cultura en México, La Gaceta* del FCE y *Revista Universidad de México.* Ha publicado los siguientes títulos de poesía: *u. s. Postage Air Mail Special Delivery, No hay otro cuerpo, Esta tierra sin razón y poderosa,* y *Stabat Mater.*

GASPAR AGUILERA DÍAZ (Parral, Chihuahua, 1947). Narrador y poeta. Estudió Derecho en la Universidad Michoacana. Ha sido editor, funcionario y profesor de bachillerato. Colaborador de *Bohemia, Crítica Política, Dosfilos, La Cultura en México, La Semana de Bellas Artes, Plural, Punto de Partida, Siempre!, Tierra Adentro* y *Unomásuno.* Miembro del SNCA. Casi toda su poesía está reunida en *Los ritos del obseso. Poesía 1982-1998.*

GUILLERMO AGUIRRE Y FIERRO (San Luis Potosí, 1887-1949). No se tiene mucha información de este poeta que ha tenido larga vida en los márgenes del ámbito literario. Su único libro, *Sonrisas y lágrimas,* del que forma parte el «Brindis...», fue publicado en Aguascalientes en 1942. La primera vez que formó parte de una antología *culta* fue cuando Gabriel Zaid lo incluyó en su célebre *Ómnibus de poesía mexicana* (1971).

CÉSAR ARÍSTIDES (Ciudad de México, 1967) Obtuvo las becas de poesía del INBA en 1994, y las del Programa Jóvenes creadores del FONCA en 1998 y 2000. En 2006 ingresó al Sistema Nacional de Creadores de Arte. Es autor de los libros *Umbrales de la rabia y la convalecencia, Duelos y alabanzas* y *Evocación del desterrado*, entre otros; con *Murciélagos y redención* obtuvo el Premio Latinoamericano de poesía Benemérito de América 2004.

ALEJANDRO AURA (Ciudad de México, 1944). Dramaturgo, narrador y poeta. Se ha desempeñado como profesor, director, actor y guionista de teatro, radio y televisión; conductor y autor de diferentes programas de difusión de la literatura. Ha obtenido diversos reconocimientos, entre ellos el Premio Latinoamericano de Cuento 1972 por *Los baños de Celeste* y el Premio Nacional de Poesía Aguascalientes 1973 por *Volver a casa*. En *Poesía 1963-1993* se reúnen varios de sus libros en este género.

JUAN BAÑUELOS (Tuxtla Gutiérrez, Chiapas, 1932). Poeta. Estudió en las facultades Derecho, Filosofía y Letras y Ciencias Políticas de la UNAM; perteneció al grupo poético La Espiga Amotinada. Su obra ha sido traducida al checo, polaco, búlgaro, húngaro, noruego, sueco, rumano y alemán. Premio Nacional de Poesía Aguascalientes 1968 por *Espejo humeante*. Premio Nacional de Poesía Carlos Pellicer 2001 por *El traje que vestí mañana*. Premio Especial de Poesía

José Lezama Lima, otorgado por Casa de las Américas, y Premio Xavier Villaurrutia 2003 por *A paso de hierba*.

MARÍA BARANDA (Ciudad de México, 1962) Poeta y narradora. Estudió psicología en la UNAM. Ha ganado varios premios, entre ellos el Premio Nacional de Poesía Efraín Huerta 1995 por *Los memoriosos* y el Premio de Poesía Aguascalientes 2002 por *Dylan y las ballenas*. Becaria del Fonca en la categoría Jóvenes Creadores de poesía (1990-1991 y 1995-1996), y del Fonca/Rockefeller/Bancomer (1997). Es miembro del SNCA desde 1999.

EFRAÍN BARTOLOMÉ (Ocosingo, Chiapas, 1950). Estudió psicología en la UNAM. Ha coordinado talleres de poesía para la UNAM, el INBA y el CNA. Su obra ha sido traducida a cinco idiomas. Traductor de William Blake, Robert Graves, Robert Bly, Rumi, Filodemo, Marco Argentario y Antípatro de Tesalónica (a partir de versiones en inglés). Además del Premio Nacional de Poesía Aguascalientes 1984 por *Música solar* ha obtenido muchos otros reconocimientos. Una reunión de su poesía se encuentra en el volumen *Oficio: arder (obra poética 1982-1997)*.

Rubén Bonifaz Nuño (Córdoba, Veracruz, 1923). Poeta, traductor y ensayista. Licenciado en derecho por la Escuela Nacional de Jurisprudencia, obtuvo la maestría y el doctorado en Letras Clásicas en la UNAM. Ha desempeñado múltiples cargos administrativos y académicos. Desde 1993 es miembro del SNCA, como Creador Emérito. Entre muchos otros reconocimientos ha recibido el Premio Nacional de Letras 1974 y la Orden del Mérito de la República Italiana, en grado de Comendador (1977). Traductor de Lucrecio, Catulo, Virgilio, Horacio, Ovidio, Propercio, Lucano, César, Homero, Píndaro y Eurípides. Su poesía cuenta con varias recopilaciones, entre ellas *De otro modo lo mismo, (poesía 1945-1971)* y *Versos (1978-1994)* ambas publicadas por el Fondo de Cultura Económica.

Carmen Boullosa (Ciudad de México, 1954). Dramaturga, narradora y poeta. Estudió lengua y literaturas hispánicas en la UIA y en la UNAM. Ha sido becaria de numerosas instituciones y fundaciones, entre ellas la Guggenheim (1992); fue miembro del SNCA entre 1994 y 1998; Premio Xavier Villaurrutia 1989. Premio Anna Seghers 1997, de la Academia de las Artes de Berlín, por el conjunto de su obra. Ha sido profesora visitante en diversas Universidades de Estados Unidos y en Francia. Algunos de sus libros de poesía son: *El hilo olvida*, *La memoria vacía*, *Ingobernable*, *Lealtad*, *Abierta*, *Sangre*, *Soledumbre*, *Envenenada*, *Niebla*, *Jardín Eliseo*, *La Delirios*, *Agua*, *La bebida*, y *Salto de mantarraya-Jump of the Mantarray*.

CORAL BRACHO (Ciudad de México, 1951). Estudió lengua y literaturas hispánicas. Poemas suyos han aparecido en revistas y suplementos culturales de México, como *Fractal*, *La Jornada Semanal*, *Letras Libres*, *Periódico de Poesía*, *Vuelta*, entre otros, así como en revistas y antología publicadas en España, Francia, Italia, Finlandia, Canadá, Estados Unidos, Brasil y otros países de Latinoamérica. Becaria de la Fundación Guggenheim. Miembro del SNCA. Premio Nacional de Poesía de Aguascalientes 1981 por *El ser que va a morir*. Entre sus libros de poesía se encuentran los siguientes: *Peces de piel fugaz*, *Tierra de entraña ardiente* (en colaboración con Irma Palacios), *Huellas de luz*, *La voluntad del ámbar*, y *Ese espacio, ese jardín*.

PEDRO CAFFAREL PERALTA (Orizaba, Veracruz, 1897-Ciudad de México, 1988). Periodista revolucionario partidario de Madero. Estudió el bachillerato y cursó la carrera de ingeniero civil. Como al final de su zaga insurgente se adhirió al delahuertismo, tuvo que exiliarse en Francia, la patria de su padre. Cuando volvió estudió derecho y fue agente del ministerio público en Celaya y Guanajuato. Se dice que hacia 1950 había llegado a reunir más de cien premios como poeta y crítico literario en diversos certámenes de provincia. Fue un estudioso de la obra de Díaz Mirón. Sus poemas aparecieron en revistas de su natal Veracruz.

KENIA CANO (Cuernavaca, Morelos, 1972). Realizó estudios de poesía contemporánea francesa en la Universidad de Marsella en Aix-en-Provence. Combina la poesía con su desempeño como artista plástica. Colabora en revistas y suplementos culturales. Ha publicado *Hojas de una sibarita indiscreta, Tiempo de hojas, Acantilado* y *Oración de pájaros.*

ROSARIO CASTELLANOS (Ciudad de México, 1925-Tel Aviv, Israel, 1974). Dramaturga, ensayista, narradora y poeta. Obtuvo la licenciatura y la maestría en Filosofía en la UNAM. Con una beca del Instituto de Cultura Hispánica, realizó cursos de posgrado sobre estética en la Universidad de Madrid. Fue profesora, ocupó varios cargos y se desempeñó como embajadora de México en Is-rael. Tradujo a Emily Dickinson, Paul Claudel y Saint John Perse. Becaria Rockefeller en el CME (1954). Su narrativa obtuvo varios premios: Chiapas 1958, por *Balún Canán*; Xavier Villaurrutia 1960, por *Ciudad real;* Sor Juana Inés de la Cruz 1962, por *Oficio de tinieblas.* También obtuvo los premios de letras Carlos Trouyet 1967 y Elías Sourasky 1972. Su poesía se encuentra reunida en *Poesía no eres tú, obra poética 1948-1971.*

LEOPOLDO CERVANTES-ORTIZ (Oaxaca, 1962). Estudió Medicina, Letras y Teología. Es un activo ensayista de temas sociales y religiosos. Su libro *Serie de sueños,* sobre el teólogo y escritor Rubem Alves fue traducido al portugués y publicado en Brasil. Es autor de varias antologías, la más reciente se titula *El salmo fugitivo,* en ella reúne una amplia muestra de la poesía religiosa latinoamericana del siglo XX. Ha publicado el libro de poemas *Navegación del fuego.*

LUIS CORTÉS BARGALLÓ (Tijuana, Baja California, 1952). Poeta y editor. Estudió Ciencias y Técnicas de la Información en la UIA, la maestría en Letras Mexicanas en la UIA y la UNAM; realizó estudios de música en el CNM. Ha sido coordinador de los talleres de poesía de la UABC y la UAM-A. Miembro del consejo de redacción de *El Zaguán, Amerindia, El Cuento, Atonal, Alforja* y *Revista de Estudios Budistas*. Colaborador de *Casa del Tiempo, Crónica Dominical, Debats, Dosfilos, Hojas, Gaceta* del FCE, *La Jornada Semanal, Revista de la Universidad, Tierra Adentro,* y *Trafalgar Square*, entre otras. Becario del Fideicomiso para la Cultura México-USA y miembro del SNCA a partir de 2001. Cuentas con varios títulos de poesía publicados, entre ellos: *Terrario, El circo silencioso* y *Al margen indomable*.

ÓSCAR CORTÉS TAPIA (Chilpancingo, Guerrero). En 1990 obtuvo el premio Punto de Partida, en cuento y en 1992 en Poesía. Ha colaborado en periódicos de Campeche y Saltillo, así como en suplementos y revistas nacionales. Forma parte de la antología *Poetas de Tierra Adentro II*

SOR JUANA INÉS DE LA CRUZ (San Miguel Nepantla, 1651-Ciudad de México 1695). Su figura literaria fue inmensa mientras vivió: sus obras se conocieron y reeditaron en España de 1689 a 1725. A partir del segundo tercio del siglo XVIII su fama decayó y en el XIX los juicios despectivos no escasearon. En el siglo XX renació el interés por ella y su obra gracias a Amado Nervo, Alfonso

Reyes, Pedro Henríquez Ureña, Xavier Villaurrutia, José Gorostiza, Dorothy Schöns, Karl Vossler, Ludwig Pfandl y Robert Ricard, entre otros. Y a partir del trabajo de Alfonso Méndez Plancarte —quien en 1951 inició la publicación de sus *Obras Completas*— ya no ha menguado la admiración en México y el extranjero.

Antonio Deltoro (Ciudad de México, 1947). Estudió Economía en la UNAM. Ha sido profesor en la UAM y la UNA, y colaborador de *Casa del Tiempo, El Gallo Ilustrado, La Cultura en México, La Gaceta del FCE, La Jornada Semanal, Mesa Llena, México en la Cultura, Revista de Bellas Artes, Revista Universidad de México, Sábado,* y *Vuelta*. Miembro del SNCA (1993 y 2004). Premio Nacional de Poesía Aguascalientes 1996 por *Balanza de sombras*. Su obra poética forma el volumen *Poesía reunida*, editado por la UNAM.

Jorge Esquinca (Ciudad de México, 1957) Vive en Guadalajara desde 1968. Ha trabajado como editor, traductor, articulista y promotor cultural. Ha publicado, entre otros, los siguientes libros de poesía: *Alianza de los reinos* (1988), *Paloma de otros diluvios* (1990), *El cardo en la voz* (1991) con el que obtuvo el Premio Nacional de Poesía Aguascalientes, *Vena cava* (2002). Ha obtenido becas del Sistema Nacional de Creadores de Arte y del Ministerio de Cultura de Francia.

BENITO FENTANES (Cosamaloapan, Veracruz, 1870-Veracruz, Veracruz, 1953). Fue profesor de primaria, secundaria, preparatoria y de la Normal Veracruzana. Ocupó varios cargos y fue diputado del Congreso de la Unión. Publicó varios títulos destinados a la enseñanza del español, así cuentos y artículos de costumbres. Su poesía forma el volumen *Jaspes y bronces,* publicado en 1898.

JORGE FERNÁNDEZ GRANADOS (Ciudad de México, 1965). Poeta, narrador y ensayista. Estudió música. Colaborador de *Biblioteca de México, La Jornada Semanal, Letras Libres, Poesía y Poética,* y *Viceversa.* Becario del Centro Mexicano de Escritores (1988), del INBA (1991), del Fonca (1992 y 1997); y del SNCA, (2001). Premio Internacional de Poesía Jaime Sabines 1995 por *Resurrección.* Premio Nacional de Poesía Aguascalientes 2000 por *Los hábitos de la ceniza.* Otros de su libros de poesía publicados son *La música de las esferas, El arcángel ebrio, Resurrección* y *El cristal.*

Malva Flores (Ciudad de México, 1961) Poeta, traductora y editora. Becaria del Instituto Nacional de Bellas Artes (1985). Obtuvo el Premio Nacional de Poesía Elías Nandino en 1991 y el Premio Nacional de Poesía Aguascalientes en 1999. Ha sido becaria del Fondo Nacional para la Cultura y las Artes en el área de ensayo (1993-1994) y de poesía (1995-1996).

Rodrigo Flores Sánchez (Ciudad de México, 1977) Es autor de *Estimado cliente* y de *baterías*. Es fundador y miembro de *Oráculo. Revista de poesía*. Ha traducido a poetas estadounidenses como Jack Spicer y Muriel Rukeyser. Fue incluido en el *Anuario de poesía mexicana 2004* y en *Un orbe más ancho: 40 poetas jóvenes (1971-1983)*, del Fondo de Cultura Económica y la UNAM, respectivamente.

Kyra Galván (Ciudad de México, 1956). Estudió Economía en la UNAM. Colaboradora de *Excélsior, La Regla Rota, Nexos, Punto de Partida, Siempre!, Tierra Adentro*. Becaria INBA/FONAPAS (1976); y del CME (1982). Premio Nacional de Poesía Joven de México Elías Nandino 1991 por *Un pequeño moretón en la piel de nadie*. Ha publicado *El cuello de la botella* (colectivo), *Un tren de luz* (colectivo), *Alabanza escribo*, y *Netzahualcóyotl recorre las islas*.

ENRIQUE GARCÍA CARPY (Coatzacoalcos, Veracruz, 1925) Estudió humanidades en Tulancingo, Hidalgo. Sus poemas y enayos ha aparecido tanto en México como en España, Italia y Grecia. Traduce a los poetas griegos clásicos y modernos desde 1962. En este mismo año publicó una antología de sus poemas bajo el título *Polen onírico*.

DANA GELINAS (Coahuila, 1962). Es licenciada en Filosofía. Sus poemas se han publicado en revistas de México, Estados Unidos y Cuba. Ha traducido numerosos artículos para revistas, crónicas antiguas, libros de divulgación científica, y poemas de autores británicos y norteamericanos (William Blake, Donald Justice, Robert L. Jones, L. Ferlinghetti) Premio Nacional de Tijuana 2004 por *Poliéster*. Premio Nacional de Poesía Aguascalientes 2006 por *Bóxers*.

JUAN GELMAN (Buenos Aires, Argentina, 1930). Salió de su país en 1975 a causa de la dictadura militar y vivió exiliado en distintas naciones; desde hace casi 20 años vive en México. En 1997 recibió en Argentina el Premio Nacional de Poesía y en ésta, su otra patria, obtuvo en 2000 el Premio Juan Rulfo de Literatura Latinoamericana y del Caribe. Son muchos otros los premios y recono-

cimientos con los que cuenta. Su obra ha sido antologada varias veces; en México, por la UNAM *(En el hoy y
mañana y ayer,* 2000) y el Fondo de Cultura Económica
(Pesar todo, 2001).

GLORIA GERVITZ (Ciudad de México, 1943). Poeta y
traductora. Estudió Historia del Arte en la UIA. Ha traducido obra de Ana Ajmátova, Marguerite Yourcenar,
Samuel Beckett y Clarice Lispector. Fragmentos de su
poesía han sido traducidos al inglés, francés, italiano,
alemán, portugués, hebreo y ruso. Becaria del FONCA
(1992); y del Fideicomiso para la Cultura México-Esta-
dos Unidos, en traducción (1995). Miembro del SNCA
desde 1997. Ha publicado *Shajarit, La poesía en el corazón del hombre* (colectivo), *Del libro de Yiskor, Fragmento
de ventana, Leteo* y *Migraciones.*

ENRIQUE GONZÁLEZ MARTÍNEZ (Guadalajara, Jalisco,1871-
Ciudad de México, 1952). Fue médico cirujano. Junto con
López Velarde y Efrén Rebolledo dirigió la revista *Pegaso.*
Una edición de su obra poética completa apareció en 1949.
Ha sido incluido en diversa antología nacionales. Es céle-
bre por su poema «Tuércele el cuello al cisne», que supone
una declaración contra los excesos del modernismo.

Armando González Torres (Ciudad de México, 1964) Poeta y ensayista. Publica en diversas revistas y suplementos culturales. Ha ganado, entre otros, los premios de poesía Gilberto Owen y de ensayo Alfonso Reyes. Es autor de tres libros de poesía, uno de aforismos y dos de ensayo.

Manuel Gutiérrez Nájera (Ciudad de México, 1859-1895). De formación casi autodidacta, fue uno de los intelectuales más activos de su época. Colaboró en los periódicos y revistas más importantes empleando al menos media docena de pseudónimos. Cultivó con igual acierto la crónica, el cuento y la poesía, pero no publicó ningún libro mientras vivió. Desde hace varios años la UNAM emprendió el proyecto para editar sus obras completas.

Francisco Hernández (San Andrés Tuxtla, Veracruz, 1946). Fundador de La Máquina de Escribir Editorial; ha sido consejero editorial de la colección El Ala del Tigre de la UNAM. Becario del FONCA (1990). Miembro del SNCA desde 1994. Premio Nacional de Poesía Aguascalientes 1982 por *Mar de fondo*. Premio de Poesía UAZ 1985. Premio Nacional de Poesía Carlos Pellicer 1993 por *Habla Scardanelli*. Premio Xavier Villaurrutia 1996 por *Moneda de tres caras*. Cuenta con varias antologías persona-

les y su poesía «completa» ha sido reunido en al menos
en dos ocasiones, una por Ediciones del Equilibrista y
otra por la UNAM.

EDUARDO LANGAGNE (Ciudad de México, 1952). Poeta y
traductor. Fue profesor de portugués en la UNAM donde
también estudió cine, música y la maestría en Letras.
Desde 1978 ha sido promotor cultural en todo el país,
así como gestor de numerosas revistas. Ha ocupado diversos cargos administrativos y diplomáticos. Forma parte del Consejo Editorial de *Alforja*, revista de poesía.
Miembro del SNCA (2001). Ha recibido varios premios,
entre ellos el que otorga la Casa de las Américas (La Ha-
bana, Cuba, 1980), el Nacional de Poesía Aguascalientes
1994 por *Cantos para una exposición* y el Internacional de
Poesía Salvador Díaz Mirón (2003). Su obra ha sido
compilada en diversas antologías. *Decíamos ayer... (Poesía 1980-2000)* reúne gran parte de su obra.

RENATO LEDUC (Ciudad de México, 1895-1986). Estudio en la Escuela de Telegrafistas y en la Nacional de
Jurisprudencia. Formó parte de las filas de Francisco
Villa como telegrafista. TRabajao también en París entre
1935 y 1942. Cuando volvió a México ejerció como cen-

sor cinematografico. Pero lo más destacado de su trabajo es su desempeño como periodista en *Excélsior, Últimas Noticias, Siempre!* y *Ovaciones,* entre otros diarios y revistas. Su Obra literaria fue preparada por Edith Negrín y publicada en el 2000 por el Fondo de Cultura Económica.

CARMEN LEÑERO (Ciudad de México, 1959). Narradora, ensayista y poeta. Estudió el doctorado en Letras en la UNAM; así como dirección teatral, canto y música. Es investigadora del Seminario de Poética del Instituto de Investigaciones Filológicas de la UNAM y pertenece al SNCA. En 1994 obtuvo el Premio de Ensayo Literario de la Universidad Veracruzana; y en 1998 el Premio Nacional de Poesía Carlos Pellicer por *La danza del caracol.* En 1991 obtuvo la Beca para Jóvenes Creadores del Fonca.

GABRIELA LEÓN (Cuautla, Morelos, 1973). Artista multidisciplinaria. Ha expuesto su trabajo plástico en México y en otros países. Ha sido becaria del Fonca y del Fondo Estatal para la Cultura y las Artes de Morelos en la especialidad de poesía. Ha publicado dos títulos en este género, así como un par de libros para niños en colaboración con Varinia del Ángel.

Víctor Hugo Limón (Tijuana, Baja California, 1958). Asistió a la Universidad Autónoma de Baja California. Fue taquero en Tijuana y carnicero en San Diego, California. Algunos de sus poemas, de *Nombre en blanco* (al parecer su único libro), fueron traducidos al inglés por Mark Weiss.

Eduardo Lizalde (Ciudad de México, 1929). Poeta, ensayista y narrador. Ha sido profesor de literatura mexicana y latinoamericana en la UNAM y ocupado múltiples cargos públicos. Becario del Fonca (1991) y de la Fundación Guggenheim (1984). Miembro del SNCA, como creador emérito, desde 1994. Obtuvo el Premio Xavier Villaurrutia 1970 por *El tigre en la casa* y el Premio Nacional de Poesía Aguascalientes 1974 por *La zorra enferma*, entre otros. *Nueva memoria del tigre, antología poética 1949-1991* reúne casi toda su poesía.

Claudia Luna Fuentes (Monclava, Coahuila, 1969). Licenciada en Ciencias de la Comunicación, se ha desempeñado como correctora, fotógrafa y periodista. Fue becaria del Fondo Estatal para la Cultura y las Artes de Coahuila y del Fonca. Fue parte del equipo fundador del Museo del Desierto, localizado en Saltillo, donde realiza labores de divulgación de la ciencia. Ha publicado *Casa del sol* y *Ruido de hormigas.*

ELVA MACÍAS (Tuxtla Gutiérrez, Chiapas, 1944. Estudió Lengua y Literatura Rusas en la Universidad Lomonósov de Moscú. Fue maestra de español para niños en China; difusora cultural en el INBA, en Chiapas y en la UNAM donde ocupó la subdirección de Casa del Lago y la dirección del Museo Universitario del Chopo. Becaria de poesía del CME (1971). Obtuvo los premios Chiapas de Literatura Rosario Castellanos (1993) y Carlos Pellicer para Obra Publicada (1994) por *Ciudad contra el cielo.* Ingresó al SNCA en 2000. Ha publicado *Círculo de sueño,* | *El paso del que viene, Imagen y semejanza, Pasos contados, Ciudad contra el cielo, El porvenir echa raíces, Antología personal, Entre los reinos* e *Imperio móvil.*

MARGARITA MICHELENA (Pachuca, Hidalgo, 1917-Ciudad de México, 1998). Poeta y ensayista. Fue directora de *El Libro y el Pueblo, Respuesta, La Cultura en México* y *Cuestión;* editora de *Novedades* y *Excélsior.* Fue parte del Sistema Nacional de Creadores de Arte, como creadora emérita. Su obra poética se halla en el libro *Reunión de imágenes.*

Marco Antonio Montes de Oca (Ciudad de México, 1932). Estudió Derecho y Filosofía en la UNAM. Ha sido redactor de la Coordinación de Humanidades; director de la Colección Poemas y Ensayos de la UNAM; agregado cultural de México en España; profesor en la Universidad de Essex, Inglaterra; asesor de la Coordinación de Humanidades de la UNAM. En 1986 con el título *Pedir el fuego*, la editorial Planeta/Joaquín Mortiz publicó sus obras completas (1953-1985). Miembro del SNCA, como creador emérito, desde 1994. Premio Xavier Villaurrutia 1959 por *Delante de la luz cantan los pájaros*. Una nueva reunión de su poesía se encuentra en el volumen donde retoma el título de 1959: *Delante de la luz cantan los pájaros, (Poesía 1953-2000),* publicado por el Fondo de Cultura Económica.

Myriam Moscona (Ciudad de México, 1955). Es poeta, traductora y periodista. Ha sido incluida en más de treinta antologías nacionales y extranjeras. Junto con Adriana González Mateos tradujo *La música del desierto* de William Carlos Williams, con el que obtuvo el Premio Nacional de Traducción en 1996. Tradujo también una antología del poeta estadounidense Kenneth Rexroth. Ha sido becaria del SNCA (1994-2000 y 2003-2006) y de la Fundación Guggenheim (2006). Premio Nacional de Poesía Aguascalientes 1988 por *Las visitantes*. Otros libros suyos son *Negro marfil* y *El que nada*.

Inocente Morales Baranda *(Teuctli)*. Escritor del estado de Guerrero y miembro del Consejo Internacional de Ancianos de etnias indígenas. En 1999 obtuvo la beca para escritores en lenguas indígenas que otorgaba el Instituto Nacional Indigenista y la Dirección General de Culturas Populares del Conaculta.

Josefa Murillo (Tlacotalpan, Veracruz, 1860-1898). El asma y una constitución débil la obligaron a llevar una educación autodidacta. Sus poemas parecieron en publicaciones regionales bajo los pseudónimos Xóchitl, Tololoche y Matusalem. Cuando se cumplió un año de su muerte se le organizó un homenaje al que acudieron Amado Nervo y Luis G. Urbina. Sus poemas se compilaron y publicaron hasta 1961.

Elías Nandino (Cocula, Jalisco, 1900-1993). Poeta. Estudió en la Escuela Nacional de Medicina. Perteneció al grupo de Los Contemporáneos. Premio Nacional de Poesía de Aguascalientes 1979 en reconocimiento a su obra poética. Premio Jalisco 1981. Premio Nacional de Literatura 1982. Su obra ha sido antologada y reunida en diversas ocasiones.

AMADO NERVO (Tepic, Nayarit, 1870-Buenos Aires, 1919). Estudió Ciencias y Filosofía en el Seminario de Zamora, Michoacán. Fue diplomático y representó a México en Argentina y Uruguay. Las *Poesías reunidas* de Nervo se publicaron en Madrid en 1935, con prólogo de Genaro Estrada. Alfonso Reyes se ocupó de publicar las obras completas del poeta en 30 volúmenes, que luego fueron agrupadas sólo en dos por Alfonso Méndez Placarte y Francisco González Guerrero. En 2006 Gustavo Jiménez Aguirre, del Centro de Estudios Literarios de la UNAM, publicó de nuevo las obras completas, pero esta vez en versión multimedia (www.amadonervo.net).

SALVADOR NOVO (Ciudad de México, 1904-1974). Poeta, dramaturgo y ensayista. Estudió en la UNAM. Fue cofundador de *La Falange* y *Ulises*; fundador del Teatro Ulises y del Teatro de la Capilla; profesor de literatura en la Escuela Nacional Preparatoria y de historia en el Conservatorio Nacional de Música; editor de diferentes secretarías e instancias de gobierno. Formó parte del grupo

Los Contemporáneos. Excelente cronista. Su obra poética es muy extensa y cuenta con diversas antologías y recopilaciones.

ENRIQUETA OCHOA (Torreón, Coahuila, 1928). Estudió en la Normal Superior de Maestros. Ha sido profesora universitaria y coordinadora de talleres literarios del INBA en Aguascalientes, Torreón, Tlaxcala y la Ciudad de México. Sus poemas han sido traducidos al inglés, francés, alemán y japonés. Miembro del SNCA desde 1999. Ha publicado entre otros libros *Las urgencias de un dios*, *Los himnos del ciego*, *Las vírgenes terrestres*, *Cartas para el hermano*, *Retorno de Electra*, *Bajo el oro pequeño de los trigos* (poesía reunida).

ARMANDO OVIEDO (Ciudad de México, 1961). Poeta, narrador y ensayista literario. Estudió Sociología en la UNAM. Colaborador de varias revistas y suplementos literarios. Coordinador editorial de las revistas *Periódico de Poesía, Marea* y *Tierra Prometida*. Fue becario del Fonca en el género de ensayo literario (1993-1994). Ha sido incluido en diversas antologías. Entre sus publicaciones se encuentran *De entrada por salida* (cuento), *Cazar al vuelo* (entrevistas-ensayos) y *No anunciar* (poesía).

MANUEL DE LA PARRA (Sombrerete, Zacatecas, 1878-1930). Fue uno de los fundadores del Ateneo de la Juventud. Publicó el libro *Visiones lejanas* en 1914. Fue incluido por Jorge Cuesta en la célebre *Antología de la poesía moderna mexicana* como una muestra del «tono menor, suave, musical» que en cierto momento le «hacía falta» a la poesía mexicana.

CARLOS PELLICER (Villahermosa, Tabasco, 1897-Ciudad de México, 1977). Fue cofundador del Grupo Solidario del Movimiento Obrero; profesor de poesía moderna en la UNAM y director del Departamento de Bellas Artes; organizó los museos Frida Kahlo, La Venta (en Villahermosa) y Anahuacalli; senador de la República en 1976. Formó parte del grupo Los Contemporáneos. Miembro de la Academia de la Lengua desde 1953. Colaboró en las revistas *Falange, Contemporáneos,* y *Ulises.* Su poesía completa fue editada por *el* Conaculta y Ediciones del Equilibrista en 1996.

JOAQUÍN ANTONIO PEÑALOSA (San Luis Potosí, 1923?) Se ordenó sacerdote en 1947. Para Gabriel Zaid renovó la poesía católica con *Ejercicios para las bestezuelas de Dios* (1959) y otros libros recogidos en *Un minuto de silencio* (1966). Doctorado en letras por la UNAM y académico de la lengua, ha sido sumamente productivo como investigador. A él se deben estudios sobre Manuel Jose Othón, Ignacio Montes de Oca, Ambrosio Ramírez, y Francisco González Bocanegra. Entre sus libros de poesía se encuentran también *Sonetos de la esperanza, Museo de cera, Sin decir adiós, Aguaseñora* y *Copa del mundo, cántigas de Santa María.*

OFELIA PÉREZ SEPÚLVEDA (Guadalupe, Nuevo León, 1970). Estudio Letras. Ha sido becaria del Centro de Escritores de Nuevo León (1992) y de otros programas. Obtuvo el Premio de Poesía Joven de Monterrey en 1993 y el Regional de Poesía Joven en 1995. Es guionista y productora de radio. Ha publicado *Doménico, De todos los santos: herejes, Cuartos privados* y *La inmóvil percepción de la memoria.*

MANUEL PONCE (Tanhuato, Michoacán, 1913-1994). Estudió en el Seminario Tridentino de Morelia. Fue sacerdote; profesor de literatura; director de *Trento y Lecturas*; presidente de la Comisión Nacional de Arte Sacro de la Conferencia Episcopal Mexicana. Fundador de la Academia de Historia Eclesiástica y de la Casa de Poesía;

miembro de la Academia Mexicana de la Lengua (desde 1977); Colaboró en *Ábside, América, Cuadernos de Literatura Michoacana*. Sus libros de poemas son *Ciclo de vírgenes, Quadragenario y segunda pasión, Misterios para cantar bajo los álamos, El jardín increíble, Cristo y María, Elegías y teofanías*. En 1980 la UNAM y el Gobierno de Michoacán editaron el volumen *Poesías (1940-1984)*.

JOSÉ REVUELTAS (Santiago Papasquiaro, Durango-Ciudad de México, 1976). Narrador, dramaturgo, guionista de cine, ensayista y poeta. Militante comunista hasta su muerte. Filósofo de formación autodidacta, llevó a cabo una intensa reflexión política y estética. Sus obras completas constan de 26 títulos publicados por ediciones Era. Premio Nacional de Literatura 1943 por su novela *El luto humano*. Premio de la Editorial Farner and Rinehart 1968, Nueva York. Premio Xavier Villaurrutia 1967 por su obra literaria. Dicto conferencias en diferentes universidades nacionales y extranjeras. Sus poemas se hayan incluidos en el volumen 11 de sus obras completas y fueron publicados en forma de libro por primera vez en el 2001.

JOSÉ LUIS RIVAS (Nació en Tuxpan, Veracruz, 1950). Estudió Letras Españolas en la UNAM. Ha sido investigador en el Centro de Investigaciones y Servicios Educativos y en el de Estudios Sociales de la Facultad de Ciencias Políticas y Sociales, ambos de la UNAM. Traductor de Pierre Reverdy, Michel Tournier, Jean Marie C. Le-Clezio, Henri Bosco, Georges Schehadé, T.S. Eliot, Saint-John Perse, Jules Supervielle, Derek Walcott, Arthur Rimbaud, Joseph Brodsky y Les Murray. Becario del Fonca (1989). Miembro del SNCA desde 1994. Premio Nacional de Poesía Carlos Pellicer 1982 por *Tierra nativa* y Premio Nacional de Poesía Aguascalientes 1986 por *La transparencia del deseo*, entre muchos otros reconocimientos. *Ante un cálido norte (poesía reunida 1993-2003)* incluye casi todas su obra poética.

MARÍA RIVERA (Ciudad de México, 1971). Estudió en la Escuela de Escritores de la Sogem. Ha sido jefa de prensa y asistente cultural de La Casa del Poeta de la Ciudad de México. Colaboradora de *Casa del Tiempo, La Jornada Semanal, Pauta*, y *Periódico de Poesía*, entre otros. Becaria del Foeca-Estado de México, en poesía (1995), del Fonca (1999) y (2002), del CME, en poesía (2001) y del Programa Artes por Todas Partes, del Distrito Federal (2001). Premio Nacional de Poesía Joven Elías Nandino 2000 por *Traslación de dominio*. Premio Nacional de Poesía Aguascalientes 2005 por *Hay batallas*.

Silvia Tomasa Rivera (El Higo, Veracruz, 1956). Autodidacta. Ha sido coordinadora de talleres literarios y becaria en el género de poesía en varias ocasiones. Ha colaborado en Doble Jornada, Nexos y Siempre!. Una antología suya ha sido publicada por el Fondo de Cultura Económica bajo el título *Duelo de espadas*.

Jaime Sabines (Tuxtla Gutiérrez, Chiapas, 1926-Ciudad de México, 1999). Estudió en las facultades de Medicina y Filosofía y Letras de la UNAM. Fue diputado federal y presidente de la Comisión de Cultura de la Cámara de Diputados. Becario del CME (1964). Miembro del SNCA, como creador emérito, de 1994 hasta su muerte. Obtuvo diversos premios y actualmente uno de los más prestigiosos lleva su nombre. Su obra ha sido antologada múltiples veces y tiene en *Recuento de poemas 1950-1993* la reunión al parecer definitiva de su obra.

Francisco Serrano (Ciudad de México, 1949). Cursó estudios de Ciencias Políticas, Filosofía y Cine en la UNAM, así como de Literatura Francesa en la Universidad de la Sorbona en París. Becario del CME (1973-1974). Ha trabajado en la administración pública cultural de México. Publicó *Canciones egipcias*, *Poema del fino amor*, *Libro* de hexaedros, *Alicuanta*, *No es sino el azar*, *La rosa de Ariadna*, *Confianza en la materia*, *Música de la lengua*, *Al raso*, *Aquí es ninguna parte*. Reunió su obra en *Poemas (1969-2003)*, volumen editado por la UNAM en 2003. Posteriormente publicó *Cuenta de mis muertos*.

JAVIER SICILIA (Ciudad de México, 1956). Poeta, narrador y ensayista. Estudió Letras Francesas en la UNAM. Ha sido editor, guionista de cine y televisión, y profesor de literatura, estética y guionismo. Es director de la revista *Ixtus*. Miembro del SNCA desde 1995. Premio José Fuentes Mares 1991 por *El bautista*. Casi toda su obra poética se encuentra reunida en *La presencia desierta (poesía 1982-2004)*, publicada por el Fondo de Cultura Económica 2005.

KARINA SIMPSON (Ciudad de México, 1973) Estudió Comunicación en la Universidad Iberoamericana. Ha trabajado en Tusquets Editores, Editorial Clío y Editorial Planeta. Actualmente es Editora de Aguilar Su libro de poemas *Elevación es cosa distinta* se encuentra en prensa.

ERNESTO TREJO (Mexicali, Baja California,1950-Fresno, California, 1991). Fundó la editorial Latitudes. Colaboró en *La Vida Literaria, Papeles de Son Armadans, Sábado* y *Vuelta*. Publicó los libros *Instrucciones y señalesLos nombres propios, El día entre las hojas,* y *Pieceworks*.

RODOLFO USIGLI (Ciudad de México, 1905-1979). Dramaturgo, ensayista, narrador y poeta. Estudió en el Conservatorio Nacional y en la Escuela de Arte dramático de la Universidad de Yale. Fue profesor y director de artes teatrales de la UNAM, miembro de la Academia Cinematográfica; agregado cultural en Francia y embajador en Líbano y Noruega. Premio América 1970. Premio Nacional de Letras 1972. Condecorado por los gobiernos de Líbano (1962) y Noruega (1971). Una antología reciente de su obra poética fue realizada por Antonio Deltoro bajo el título *Conversación desesperada* (2000). *Tiempo y memoria en conversación desesperada: poesía 1923-1974* fue la reunión póstuma de su obra poética (UNAM, 1981).

RAFAEL VARGAS (Ciudad de México, 1954). Poeta, ensayista y editor. Ha desempeñado también diversos cargos administrativos y diplomáticos; Traductor literario de Rush Rhees, Charles Hasty, Ezra Pound, John Berryman y Charles Simic. Becario del Programa Internacional de

Escritores de Iowa (1980); del Fonca (1977) y del Fideicomiso para Cultura México/Estados Unidos (1995).
Miembro del SNCA desde 1997. Algunos de sus libros de
poesía son: *Doce modos, Conversaciones, Piedra en el aire,
Pacífico, Siete poemas, Escritura la flor*, y *Signos de paso*.

EDUARDO VÁZQUEZ MARTÍN (Ciudad de México, 1962)
Editor y crítico. Fue becario del INBA en 1987. En 1991
y 1995 obtuvo la beca Jóvenes Creadores del Fonca, en
la especialidad de poesía. Dirigió el *Periódico de Poesía*
(UNAM-UAM). Fue fundador de las revistas *La Orquesta,
Milenio* y *Viceversa*. Ha publicado *Comer sirena y Naturaleza y hechos*.

CITLALI H. XOCHITIOTZIN (Puebla, 1957) Es licenciada
en Sociología por la Facultad de Ciencias Políticas de la
UNAM. Ha participado en diversos seminarios de cultura
y literatura e impartido conferencias y talleres de arte y
literatura. Ha publicado los poemarios *Geometría de la
incertidumbre Días del polvo Oscuro zodiaco. Memorial de
la Sangre* Obtuvo el Hispanoamericano Torremozas de
Madrid Voces Nuevas 1999. Fundó las revistas *Primera
línea* y *Nube de azúcar* y los periódicos culturales *Toxtli* y
La semilla.

Ricardo Yáñez (Guadalajara, Jalisco, 1948). Estudió Letras en la Universidad de Guadalajara y la UNAM. Miembro del SNCA en los periodos 1997-2000 y 2000-2003. Parte de su obra se incluye en antologías nacionales y extranjeras. En 2004, El Aduanero y La Jornada auspiciaron la grabación del disco *Quizá en agosto*, que reúne sus textos poéticos musicalizados por ocho compositores. Ha publicado entre otros libros *Divertimiento*, *Escritura sumaria*, *Ni lo que digo*, *Dejar de ser*, *Puntuación*, y *Vado*.

Bibliografía

Acuña Manuel, «Hojas secas» (X), en *Poesía romántica,* prólogo de José Luis Martínez, selección de textos de Alí Chumacero, México, Universidad Nacional Autónoma de México, 1993 (Biblioteca del estudiante universitario, 30), p. 159.

Aguilar Mora, Jorge, *Stabat Mater,* México, Ediciones Era, 1996, p. 22-23.

Aguilera Díaz, Gaspar, «Retrato oval», en *Los ritos del obseso (poesía 1982-1998),* México, Universidad Autónoma Metropolitana Unidad Azcapotzalco-Siglo XXI Editores, 1999, p. 83.

Aguirre y Fierro, Guillermo, «El brindis del bohemio» (fragmento), en *Dos siglos de poesía mexicana: del XIX al fin del milenio: una antología,* selección, prólogo y notas de Juan Domingo Argüelles, México, Océano, 2001 (Intemporales), pp. 203-204.

Aura, Alejandro, «Lana Turner», en *La patria vieja*, México, Universidad Autónoma de Puebla, 1986 (Asteriscos, 7), pp. 45-46.

Bañuelos, Juan, «Libro de Huehuetán», en *Espejo humeante*, México, Secretaría de Educación Pública-Joaquín Mortiz, 1987 (Lecturas mexicanas, 89), pp. 178-180.

Baranda, María, «Llueve en el aliento de las albas...», en *Nadie, los ojos*, México, Consejo Nacional para la Cultura y las Artes, 1999 (Práctica mortal), p. 11.

Bartolomé, Efraín, «Casa paterna / I», en *Ojo de jaguar*, México, Universidad Nacional Autónoma de México, 1990 (El ala del tigre), pp. 29-32.

Bonifaz Nuño, Rubén «27», en *El ala del tigre*, México, Fondo de Cultura Económica, 1969 (Letras de la República), p. 33.

Boullosa, Carmen, «El otro» (IV), en *La salvaja*, México, Fondo de Cultura Económica, 1989, (Letras mexicanas), p. 127.

Bracho, Coral, «Que ahorita vuelve», en *Dos siglos de poesía mexicana: del XIX al fin del milenio: una antología*, selección, prólogo y notas de Juan Domingo Argüelles, México, Océano, 2001 (Intemporales), p. 509.

Caffarel Peralta, Pedro, «La rosa perfecta», en *Veracruz: dos siglos de poesía (XIX y XX)*, vol. I, selección, prólogo y notas de Esther Hernández Palacios y Ángel José Fernández,

México, Consejo Nacional para la Cultura y las Artes, 1991 (Letras de la República), pp. 480-482.

Cano, Kenia, «Acatilado primigenio», en *Acantilado,* México, Amate-Publicaciones del Instituto de Cultura de Morelos y del Fondo Estatal para la Cultura y las Artes de More-los, 2000 (Amate: Poesía), p. 11.

Castellanos, Rosario, «Acción de gracias» y «Kinsey report», en *Poesía no eres tú. Obra poética: 1948-1971,* México, Fondo de Cultura Económica, 1975 (Letras mexicanas), pp. 216-218 y 317.

Cortés Bargalló, Luis, «Sabiduría de las madres», en *La soledad del polo,* México, Ediciones Toledo, 1990, p. 23.

Cortés Tapia, Óscar, "La hora", en *La sombra de la palabra: tercer encuentro nacional de poetas, Nepantla, Estado de México,* selección de Francisco Javier Estrada, México, Instituto Mexiquense de Cultura, *2001,* p. *62.*

Deltoro, Antonio, «Caligrafías», en *Poesía reunida (1979-1997),* México, Universidad Nacional Autónoma de México, 1999 (Poesía y Ensayos), p. 202.

Esquinca, Jorge, «Criaturas para la recién casada / La higuera», en *Isla de las manos reunidas,* México, Aldus, 1997 (Los poetas), p. 14.

Fentanes, Benito, «En los bohíos», en *Veracruz: dos siglos de poesía (XIX y XX),* vol. I, selección, prólogo y notas de Esther Hernández Palacios y Ángel José Fernández, México, Consejo Nacional para la Cultura y las Artes, 1991 (Letras de la República), p. 391.

Fernández Granados, Jorge, «Neme, en *Los hábitos de la ceniza. Premio Nacional de Poesía Aguascalientes 2000,* México, Joaquín Mortiz-Instituto Nacional de Bellas Artes, 2000, p. 15-17 [se incluyeron correcciones del autor].

Flores, Malva, «Cuánta placentera ruina...», en *Casa Nómada: Premio de poesía Aguascalientes 1999,* México, Consejo Nacional para la Cultura y las Artes, 1999 (Las dos orillas), p. 21.

Galván, Kyra, «¿Por qué de pronto me atrapa así la...», en *Alabanza escribo,* México, Universidad Autónoma Metropolitana, 1989 (Molinos de viento, 69; serie Poesía), pp. 91-92.

Galván, Kyra, «Poemas de la maternidad» (I, III y V), en *Netzahualcóyotl recorre las islas,* México, Universidad Nacional Autónoma de México, 1996 (El ala del tigre), pp. 89-90, 92-93 y 95.

García Carpy, Enrique, «Este dolor, ¡oh, madre!, no decrece», en *Veracruz: dos siglos de poesía (XIX y XX),* vol. *II,* selección, prólogo y notas de Esther Hernández Palacios y Ángel José Fernández, México, Consejo Nacional para la Cultura y las Artes, 1991, (Letras de la República), p. 202.

Gelinas, Dana, «Nacimiento», en *Alforja, revista de poesía,* núm. XIII, verano de 2000, p. 107.

Gelman, Juan, «Cerezas», en *Pesar todo. Antología,* selección, compilación y prólogo de Eduardo Milán, México, Fondo de Cultura Económica, 2001, pp. 258-259.

Gervitz, Gloria, «Una muchacha sola en el muelle», en *Nueva poesía latinoamericana,* prólogo y selección de Miguel Ángel Zapata, México, Universidad Nacional Autónoma de México-Universidad Veracruzana, 1999 (Antologías literarias del siglo XX, 3), p. 253.

González de Eslava, Fernán, «Despierta, hermano Vicente», en *Flores de Nochebuena: Villancicos virreinales,* compilación, prólogo y notas de Andrés Estrada Jasso, México, Jus, 1999 (Clásicos cristianos), p. 23.

González Martínez, Enrique, «Plegaria a la vida», en *Tuércele el cuello al cisne,* selección y prólogo de Jaime Torres Bodet, México, Secretaría de Educación Pública-Fondo de Cultura Económica, 1984 (Lecturas mexicanas, 67), p. 146.

González Torres, Armando, «La caricia inútil», en *Descritura,* núm. 21, septiembre de 2006.

Gutiérrez Nájera, Manuel, «Madre naturaleza», en *Dos siglos de poesía mexicana: del XIX al fin del milenio: una antología,* selección, prólogo y notas de Juan Domingo Argüelles, México, Océano, 2001 (Intemporales), pp. 137-138.

Hernández, Francisco, «Para sobrellevar el desconsuelo», *Antojo de trampa. Segunda antología personal,* México, Fondo de Cultura Económica, 1999 (Letras mexicanas), p. 94.

Juana Inés de la Cruz, sor, «Villancico IV», en *Obras completas de sor Juana Inés de la Cruz II. Villancicos y letras sacras,* edición de Alfonso Méndez Plancarte, México, Fondo de Cultura Económica, 1952 (Biblioteca Americana, serie de Literatura colonial), pp. 102-103.

Langagne, Eduardo, «La mujer de mi padre», en *El álbum blanco,* México, Secretaría de Cultura de Puebla-Colibrí, 2004.

Langagne, Eduardo, «Voy a decirlo: el mundo en el que creo», en *XXX Sonetos,* México, Ediciones Monte Carmelo, 1998, p. 44.

Leduc, Renato, «Canción de cuna para adormecer niños muy despiertos», en *Antología poética,* selección y presentación de Max Rojas, México, Consejo Nacional para la Cultura y las Artes, 1991 (Lecturas mexicanas; Tercera serie, 33), p. 129.

Leñero, Carmen, «Comercio con la luna» (IX), en *La fiera transparente,* México, Consejo Nacional para la Cultura y las Artes, 1997 (Práctica mortal), pp. 74-75.

León, Gabriela, «Si alguien intenta…», en *Venimos desde lejos a enterrarnos,* México, Secretaría de Cultura-Gobierno de Puebla, 2000 (Los nuestros; serie Linotipia), p. 45.

Limón, Víctor Hugo, «Fotografía de mi madre», en *Nombre en blanco,* México-Tijuana, Hotel Ambosmundos-Imago Ediciones, 1997, p. 41.

Lizalde, Eduardo, «Caza mayor» (V), en *Nueva Memoria del tigre (Poesía 1949-1991),* México, Fondo de Cultura Económica, 1993 (Letras mexicanas), p. 232.

Luna Fuentes, Claudia, «No soy», en *Ruido de hormigas,* México-Villahermosa, Gatsby Ediciones, 2005, pp. 21-22.

Macías, Elva, «Vítosha: Río de piedras», en *Lejos de la memoria,* ilustraciones de Francisco Toledo, México, Joan Boldó i Climent Editores, 1989, p. 23.

Michelena, Margarita, «Lección de cosas», en *Reunión de imágenes,* México, Fondo de Cultura Económica, 1969 (Tezontle), pp. 79-84.

Montes de Oca, Marco Antonio, «Atrás de la memoria», en *Delante de la luz cantan los pájaros (poesía 1953-2000),* México, Fondo de Cultura Económica, 2000 (Letras mexicanas), p. 153.

Morales-Baranda, Inocente, "Tlaneltoquiliznantli/Obediencia a una madre", en *La sombra de la palabra: tercer encuentro nacional de poetas, Nepantla, Estado de México,* selección de Francisco Javier Estrada, México, Instituto Mexiquense de Cultura, *2001,* p. 26-27.

Moscona, Miriam, «Tras las persianas», en *Las visitantes,* México, Joaquín Mortiz-Instituto Nacional de Bellas Artes, 1988, p. 34.

Murillo, Josefa, «A…», en *Veracruz: dos siglos de poesía (XIX y XX),* vol. I, selección, prólogo y notas de Esther Hernández Palacios y Ángel José Fernández, México, Consejo Nacional para la Cultura y las Artes, 1991 (Letras de la República), p. 362.

Nandino, Elías, «Décimas a mi madre» (II, IX y X), en *Eternidad del polvo-Nocturna palabra,* edición revisada por el autor, presentación de Carlos Montemayor, México, Consejo Nacional para la Cultura y las Artes, 1991 (Lecturas mexicanas; Tercera serie, 43), p. 35.

Nervo, Amado, «Hora sentimental», en *Poemas-Las voces-Lira heroica-El éxodo y la flores del camino- El arquero divino-Otros poemas-En voz baja-Poesías varias,* prólogo de Genaro Estrada, 3a ed., México, Porrúa, 1999 (Sepan cuantos… 443), p. 223.

Novo, Salvador, «24 horas» (XII), en *Antología personal: Poesía, 1915-1974,* México, Consejo Nacional para la Cultura y las Artes, 1991 (Lecturas mexicanas; Tercera serie, 37), p. 317.

Ochoa, Enriqueta, «Marianne», en *Enriqueta Ochoa,* selección y nota introductoria de Esther Hernández Palacios, México, Universidad Nacional Autónoma de México-Coordinación de Difusión Cultural-Dirección de Litera-

tura, 1994 (Material de lectura; Poesía moderna, 182),
p. 18.

Parra, Manuel de la, «A mi madre», en *Antología de la poesía
mexicana moderna,* Jorge Cuesta, 5a ed., presentación de
Guillermo Sheridan, México, Fondo de Cultura Económica, 1998 (Letras mexicanas), pp. 133-134.

Pellicer, Carlos, «Nocturno a mi madre, en *La vida en llamas:
una pequeña antología,* México, Asociación Nacional del
Libro, 1996, pp. 81-83.

Peñalosa, Joaquín Antonio, «Carta a abuelita. De sus macetas
al cielo» y «Me voy», en *Cantar de las cosas leves,* prólogo
y selección de Hugo Gutiérrez Vega, México, Fondo de
Cultura Económica, 1999 (Letras mexicanas), pp. 65-66
y 127-128.

Pérez Sepúlveda, Ofelia, «De los que estábamos y éramos»
(siete), en *El manantial latente: Muestra de poesía mexicana desde el ahora 1986-2002,* selección, prólogo, notas y
apéndices de Ernesto Lumbreras y Hernán Bravo Varela,
México, Consejo Nacional para la Cultura y las Artes,
2002, p. 223-224.

Ponce, Manuel, «Bendita tú entre las mujeres (virgen y madre)», en *Antología poética,* selección y prólogo de Gabriel
Zaid, México, Consejo Nacional para la Cultura y las Artes, 1991 (Lecturas mexicanas; Tercera serie, 49), p. 95.

Revueltas, José, «La cosecha», en *El propósito ciego,* edición de José Manuel Mateo, México, Aldus-Obranegra, 2001, pp. 40-41.

Rivas, José Luis, «IX», en *Río,* México, Fondo de Cultura Económica, 1998 (Letras mexicanas), pp. 31-33.

Rivera, María, «Yo estoy sangrando contigo, madre…», en *Traslación de dominio,* México, Consejo Nacional para la Cultura y las Artes-H. Ayuntamiento Constitucional de Jalisco 1998-2000-Secretaría de Cultura-Gobierno de Jalisco, 2000, p. 62.

Rivera, Silvia Tomasa, «En este campo vivimos mujeres y niños…», en *Cazador,* México, Universidad Nacional Autónoma de México, 1993 (El ala del tigre), p. 17.

Rivera, Silvia Tomasa, Yo no inventé este niño…, en *Veracruz: dos siglos de poesía (XIX y XX),* vol. II, selección, prólogo y notas de Esther Hernández Palacios y Ángel José Fernández, México, Consejo Nacional para la Cultura y las Artes, 1991 (Letras de la República), pp. 520-521.

Sabines, Jaime, «Adán y eva» (XV), en *Recuento de poemas 1950-1993,* México, Joaquín Mortiz, 1997, p. 131.

Serrano, Francisco, «Elegía matutina», en *Cuenta de mis muertos,* México, Consejo Nacional para la Cultura y las Artes-Instituto Nacional de Bellas Artes y Literatura- Calamus, 2006, pp. 47-52.

Serrano, Francisco, «Matría pía» (fragmento), en *La rosa de los vientos: antología de poesía mexicana actual,* selección, prólogo y notas bibliográficas de Francisco Serrano, México, Consejo Nacional para la Cultura y las Artes, 1992, pp. 362-363.

Sicilia, Javier, «La anunciación (a la manera de W.B. Yeats)» en *La presencia desierta,* México, Coordinación Nacional de Descentralización-Consejo Estatal para la Cultura y las Artes Querétaro, 1996, (Los cincuenta), p. 101.

Solano Escamilla, Aimee Alejandra, «Destejeré el tiempo», en *Tiempo carcomido,* México, Práxis, 2003 (Dánae), pp. 96-97.

Trejo, Ernesto, «La durmiente», en *El día entre las hojas,* México, Fondo de Cultura Económica, 1984 (Letras mexicanas), p. 47.

Usigli, Rodolfo, «Tumba de mi madre», en *Conversación desesperada (antología),* selección e introducción de Antonio Deltoro, México, Seix Barral, 2000, p. 89.

Vargas, Rafael, «miro en mis manos las manos de mis padres...», en *El habitante de la niebla,* México, Universidad Autónoma de Puebla, 1988 (Asteriscos, 12), p. 66.

Vargas, Rafael, «Un ama de casa», en *Se ama tanto el mundo,* México, Aldus, 1997 (Los poetas), p. 34.

Vázquez Martín, Eduardo, «La sombra de los árboles» (fragmento), en *Prístina y última piedra: antología de poesía his-*

panoamericana presente, Eduardo Milán y Ernesto Lumbreras, México, Aldus, 1999 (Los poetas), p. 316-317.

Xochitiotzin, Citlali H., «De los ángeles» (XI), en *Alforja, revista de poesía,* núm. XIII, verano de 2000, p. 142.

Yáñez, Ricardo, «Hijo ni que no me conocieras...», en *Si la llama,* México, Trilce Ediciones-Instituto Politécnico Nacional, 2000 (Tristán Lecoq), p. 100.

Yáñez, Ricardo, «Mi abuela se llamaba María Félix...», en *Antes del habla,* México, Ediciones El Aduanero, 1995 (Las cuatrocientas voces), p. 34-36.

Anónimos

«Arrullo tojolabal», en *Lírica infantil de México,* Vicente T.
    Mendoza, México, Secretaría de Educación Pública, 1984
    (Lecturas mexicanas, 26), p. 32.
«La suegra y la nuera», en *Lírica infantil de México,* Vicente T.
    Mendoza, México, Secretaría de Educación Pública, 1984
    (Lecturas mexicanas, 26), pp. 149-150.
«Madre mía» (canción mestiza), en *Ómnibus de poesía mexica-
    na,* presentación, compilación y notas de Gabriel Zaid, 8a
    ed., México, Siglo XXI Editores, 1980, p. 52.
«Pastorcilla soy del Valle», en *Flores de Nochebuena: Villanci-
    cos virreinales,* compilación, prólogo y notas de Andrés
    Estrada Jasso, México, Jus, 1999 (Clásicos cristianos),
    pp. 140-142.

Inéditos

Arístides, César, «Día de las madres».
Cervantes-Ortiz, Leopoldo, «Tríptico materno».
Flores Sánchez, Rodrigo, «Letanía del primogénito».
Oviedo, Armando, «La cantante blanca», del libro *Informes
    instrucciones.*
Simpson, Karina, «Alumbramiento».

Índice

ELEGÍAS

LECCIONES Y CONSEJOS

ESCENAS Y TESTIMONIOS

DECLARACIONES DE LAS HIJAS

DECLARACIONES DE LOS HIJOS

LA PAREJA, RECUERDOS Y FOTOGRAFÍAS

OTROS ALUMBRAMIENTOS

EPÍLOGO INDISPENSABLE

ANEXOS

99 poemas mexicanos a la madre, Selección y prólogo de José Manuel Mateo
se terminó de imprimir en abril de 2007 en
Gráficas Monte Albán, S.A. de C.V.
Fracc. Agro Industrial La Cruz
El Marqués, Querétaro
México